智能时代观念风险及应对

研究阐释党的二十大精神丛书

上海市哲学社会科学规划办公室
上海市习近平新时代中国特色社会主义思想研究中心 —— 编

鲍金 黄婧
高鑫雅 张颖
王志成 方雨晨 ⊙ 著

上海人民出版社

出版前言

党的二十大是在全党全国各族人民迈上全面建设社会主义现代化国家新征程、向第二个百年奋斗目标进军的关键时刻召开的一次十分重要的大会。这次大会系统总结了过去5年的工作和新时代10年的伟大变革，阐述了开辟马克思主义中国化时代化新境界、中国式现代化的中国特色和本质要求等重大问题，对全面建设社会主义现代化国家、全面推进中华民族伟大复兴进行了战略谋划，对统筹推进"五位一体"总体布局、协调推进"四个全面"战略布局作出了全面部署，在党和国家历史上具有重大而深远的意义。

为全面学习、全面把握、全面落实党的二十大精神，深刻揭示党的创新理论蕴含的理论逻辑、历史逻辑、实践逻辑，在中共上海市委宣传部的指导下，上海市哲学社会科学规划办公室以设立专项研究课题的形式，与上海市习近平新时代中国特色社会主义思想研究中心、上海市中国特色社会主义理论体系研究中心联合组织了"研究阐释党的二十大精神丛书"（以下简称丛书）的研究和撰写。丛书紧紧围绕强国建设、民族复兴这一主题，聚焦习近平新时代中国特色社会主义思想，聚焦新时代党中央治国理政的伟大实践，力求对党的创新理论进行学理性研究、系统性阐释，对党的二十大作出的重大战略举措进行理论概括和分析，对上海先行探索社会主义现代化的路径和规律、勇当中国式现代化的开路先锋进行理论总结和提炼，体现了全市理论工作者高度的思想自觉、政治自觉、理论自觉、历史自觉、行动自觉。丛书由上海人民出版社编辑出版。

丛书围绕党的二十大提出的新思想新观点新论断开展研究阐释，分领域涉及"第二个结合"实现之路、中国式现代化道路、五个必由之路、中国共产党的自我革命、斗争精神与本领养成、国家创新体系效能提升、中国特色世界水平的现代教育探索、人民城市规划建设治理、超大城市全过程人民民主发展、数字空间安全、长三角一体化发展示范区等内容，既有宏观思考，也有中观分析；既有理论阐述，也有对策研究；既有现实视野，也有前瞻思维。可以说，丛书为学习贯彻习近平新时代中国特色社会主义思想和党的二十大精神提供了坚实的学理支撑。

丛书的问世，离不开中共上海市委常委、宣传部部长、上海市习近平新时代中国特色社会主义思想研究中心主任、上海市中国特色社会主义理论体系研究中心主任赵嘉鸣的关心和支持，离不开市委宣传部副部长、上海市习近平新时代中国特色社会主义思想研究中心常务副主任、上海市中国特色社会主义理论体系研究中心常务副主任潘敏的具体指导。上海市哲学社会科学规划办公室李安方、吴净、王云飞、徐逸伦，市委宣传部理论处陈殷华、俞厚未、姚东、柳相宇，上海市习近平新时代中国特色社会主义思想研究中心叶柏荣等具体策划、组织；上海人民出版社编辑同志为丛书的出版付出了辛勤的劳动。

"全面建设社会主义现代化国家，是一项伟大而艰巨的事业，前途光明，任重道远。"希望丛书的问世，能够使广大读者加深对中华民族伟大复兴战略全局和世界百年未有之大变局、对中国共产党人更加艰巨的历史使命、对用新的伟大奋斗创造新的伟业的认识，能够坚定我们团结奋斗、开辟未来的信心。

目　录

导　论 / 001

第一章　智能技术的观念风险 / 012

第一节　智能技术观念风险的表征 / 013

第二节　智能技术观念风险的样态 / 021

第三节　智能技术观念风险的技术根源 / 025

第二章　观念风险的存在前提 / 031

第一节　智能技术的意识形态化 / 032

第二节　思想观念的智能驱动 / 044

第三章　观念风险的技术机制 / 064

第一节　大数据与思想观念的底层重构 / 065

第二节　机器学习与思想观念的生成再造 / 072

第三节　算法推荐与思想观念的传感触发 / 083

第四章　观念风险的社会弥散 / 089

第一节　观念的弥散渗透 / 089

第二节　资本与智能技术的耦合 / 101

第三节　全景敞视下的观念景观与算无遗策 / 111

第五章　超越人技关系的他者定位 / 124

　　第一节　技术的他者定位 / 125

　　第二节　智能技术的本质 / 130

　　第三节　"技术世"的人技矛盾 / 134

　　第四节　智能时代的人技共生 / 139

第六章　驾驭智能技术 / 143

　　第一节　算法价值观的失序 / 143

　　第二节　观念供给的失衡 / 153

　　第三节　技术与资本关系的良善规制 / 159

　　第四节　从反向驯化到技术运用 / 164

参考文献 / 168

后　记 / 179

导 论

———————————————————————

    伴随《中共中央国务院关于构建数据基础制度更好发挥数据要素作用的意见》《数字中国建设整体布局规划》等文件的相继出台，以大数据、算法推荐、机器学习为代表的智能技术越来越成为国家重视和公众关注的焦点。习近平总书记指出："推动实施国家大数据战略，加快完善数字基础设施，推进数据资源整合和开放共享，保障数据安全，加快建设数字中国，更好服务我国经济社会发展和人民生活改善。"[①] 这一重要论述为我们科学运用智能技术、正确把握智能技术与经济社会发展的关系提供了根本遵循。当前，智能技术正以其无远弗届的潜移默化之力量成为信息传播的主渠道和观念交锋的最前沿，智能技术所引发的思想观念上的分化冲突、无序紧张和人们对智能技术的认知错位、理解偏差，构成为智能技术的观念风险。这一风险藉由智能技术与思想观念的双向渗透与深度勾连，以大数据重构人们思想观念的底层逻辑、深度学习推动人们思想观念的生成再造、算法推荐引诱思想观念的传感触发，

———————————————————————

[①] 习近平：《审时度势精心谋划超前布局力争主动　实施国家大数据战略加快建设数字中国》，《人民日报》2017 年 12 月 10 日。

从而成为干扰个体认知框架、分化公众价值选择乃至消解主流价值观念的巨大力量。可以说，智能技术在打开人类生活无限可能的基础上，逐渐产生着具有隐性破坏力的弊端和后果。习近平总书记强调："没有网络安全就没有国家安全；过不了互联网这一关，就过不了长期执政这一关。"① 如果做不到用科学的思想观念对待智能技术，做不到用主流价值观驾驭智能技术，那么我们就无法促使智能技术这个最大变量变成我国经济社会发展的最大增量。针对由智能技术所导致的思想观念领域的新变化和新挑战，迫切需要理论工作者对此做出理论本质上的洞察和实践策略上的揭示。

从社会结构的角度看，思想观念是由人们的社会存在所决定、与社会主义经济基础相适应的社会意识形式和观念上层建筑，它处于反映和服务社会主义经济基础、最终被物质生产方式所制约的位置上。正如马克思所指出的："在不同的财产形式上，在社会生存条件上，耸立着由各种不同的，表现独特的情感、幻想、思想方式和人生观构成的整个上层建筑。"② 思想观念存在于社会意识形态中，如当代中国的发展理念、法规条文和口号标语中，或是通过单一的政治法律思想、艺术、道德、宗教和哲学形式表现出来，但思想观念更多的是几种社会意识形式的综合表现，弥散于人们日用而不觉的日常意识中，刻写在社会领域的细微角落中。在当代社会，人们的思想观念正在日益受到另一种同样高度精

---

① 《习近平谈治国理政》第 3 卷，外文出版社 2020 年版，第 317 页。
② 《马克思恩格斯文集》第 2 卷，人民出版社 2009 年版，第 498 页。

细复杂的系统形式的全方位渗透，这就是智能技术对思想观念的形塑。智能技术作为当代社会的前沿技术，正在以特有的运行规则和底层逻辑展开一场思想观念领域的革命性变革，成为建构个体认知框架、左右公众价值选择乃至影响权力分配模式的底层力量。那么，智能技术的快速发展，促使人们的思想观念处于怎样的智能化格局？这一点又带来了怎样的思想观念领域的风险挑战？要克服和消解智能技术所引发的观念风险，应当走出一条怎样的既运用智能技术又驾驭智能技术的崭新路径？下面，我们将展开分析。

首先，智能技术正在成为人们思想观念得以体现的崭新载体。马克思指出："'精神'从一开始就很倒霉，受到物质的'纠缠'，物质在这里表现为振动着的空气层、声音，简言之，即语言。"① 作为对精神的"纠缠"，语言是人们思想观念的载体，除此之外，思想观念的载体还包括文字、报刊、书籍、电视、互联网等，而当代社会承载着思想观念的最大信息量的载体已经不再是传统的媒介，而是智能技术及其所支撑的数字化媒介。智能技术贯穿于思想观念信息的采集、整理、生产、反馈、分发、治理等全过程、全领域，智能技术已经成为各类主体进行筹划、决策和实施的关键支撑。正如习近平总书记所指出的，以前是"人找信息"，现在是"信息找人"。② "人找信息"的逻辑是思想观念信息固定在特定位置上，如某份报纸、某个网站等，人们要获取这些同一化

① 《马克思恩格斯文集》第 1 卷，人民出版社 2009 年版，第 533 页。
② 《习近平谈治国理政》第 3 卷，外文出版社 2020 年版，第 317 页。

的思想观念信息，就要发挥主观能动性去主动地寻找、搜集和阅读，如果人们不主动接触到承载思想观念信息的媒介，那么思想观念信息与人们是绝缘的，由此"人找信息"侧重的是人的主观能动性以及思想观念信息的同一化。而"信息找人"的逻辑是人处于特定位置上，如手机前、移动互联网前、物联网前等。思想观念信息被智能技术按照算法规则进行收集、整理、分发和推送到每个人面前，而算法规则依据每个人的癖好、习惯等数据痕迹进行个性定制，以确保吸引每个人注意力的思想观念信息都是投其所好、精准投喂的，由此促使人们总是"欲罢不能"地沉浸于由智能技术所支撑的思想观念信息网络中。可见，"信息找人"侧重的是算法的精准调配和思想观念信息的个性化。

智能技术改变现代社会，也改变意识形态。在智能时代，尽管"人找信息"的现象仍然存在，但是由智能技术所建构的"信息找人"格局已经成为思想观念领域的最大变量，由此发挥出算法能动性的智能技术越来越成为各类思想观念发挥作用、增强功能的最大化空间。在思想观念的意识形态领域，意识形态将算法、大数据等智能技术作为意识形态信息的"把关人""调控者"，统合物理空间、网络空间、认知空间等渠道，打破传统意义上的线下线上的数据壁垒，可以精准有效地选取作用空间，随时切换各类空间，从而达到传统意识形态无法实现的意识形态全程效果、全时效果和全员效果。与此同时，现代社会正进入全媒体传播和全民传播时代，传统意识形态空间与智能技术意识形态空间正构建起高度互联、同体共生的关系。伴随着社交软件成为意识形态博弈主阵地、新媒体成为意识形态源发地的过程，意识形态的宣传与教育、主流价值导向的传播与分发、核心价值观的培育与教化，都要充分运用智能技术，坚持智能优先发展策略，通过观念更新、流程优化、平台再造、互联共融，实现智能技术为我所用、生产要素有效整合、功能发挥精准落地的意识形态效果，这是当前意识形态工作需要高度重视的方面。

其次，跨域交链使得智能技术的观念风险呈几何级增长。智能时代人们思想观念的一个核心特征，便是作为上层建筑的思想观念不仅与经济基础相互交织、相互交链，而且与智能技术相互关联、相互融通。这一复杂关系表现为经济基础、思想观念与智能技术的三域融合、三域交链。经济基础始终是思想观念得以生成的源发地，是思想观念所围绕旋转的轴心地，而智能技术则是思想观念得以生成的具体中介，是思想观念发挥功能的重要场域。承接着经济基础的要求，凭借智能技术的载体或空间，各类思想观念就会发挥出影响公众、建构认知、支配方向的重要作用。尽管思想观念、经济基础、智能技术各自具有独属于自身的存在领域和客观规律，从而表现出确定的边界和自足的独立性，但是这三者又具有广泛的联通性，经济基础和思想观念具有决定与反作用的双向建构性关系，智能技术和思想观念具有互渗与共生的双向传递性关系，而这三者之间又通过社会系统实现了更大范围的贯通连接，形成了大的闭环系统。

经济基础、思想观念与智能技术的跨域交链特征，使得智能技术的观念风险在跨域交织、叠加互动的维度上增强。我们知道，无论是建设社会主义意识形态，还是践行社会主义核心价值观，从根本使命上就是要发挥出对新时代中国特色社会主义实践的观念能动力量，为全面建设社会主义现代化国家、实现中华民族伟大复兴中国梦的奋斗目标提供强大精神力量和坚强思想保证。在此过程中，智能技术所引发的思想偏差、观念错位、认知错误和理解不足，都能够借助智能技术这一载体而发挥出广泛联通的蝴蝶效应，即往往是智能技术领域的一个微小变化，如推荐算法的改变、微博 IP 属地显示等，就会叠加地、累积地触发人们的敏感神经，从而引起思想观念领域的巨大波澜，形成对社会主义意识形态建设和社会主义核心价值观构建的或直接或间接，或短期或长期的效应。反过来说，以意识形态为代表的思想观念领域如果"鸭先知"般地感知智能技术领域的些微变化，保持着足够的智能技术敏感，并且审慎而适时地运用和规范智能技术，如 2023 年上半年爆火的淄博烧烤出圈等现象，就能够极大地提升思想观念建设的效率与效果，从而实现四两拨千斤的智能化观念效应。由此可见，智能时代的思想观念建设不能在故步自封的非智能化格局中展开，而是需要跨时空、跨领域、跨维度地将思想观念的传感器伸向社会的无数角落与细节，而智能技术的进展正是思想观念建设形成跨域交链特征的关键抓手。

再次，情感吸引成为智能时代思想观念博弈的焦点领域。在智能时代，智能技术带给人们的最直接体验便是人的情感世界被充分调动。身体增强、扩展现实、元宇宙等智能技术以全息、透明的方式呈现各类事件的现场感，极大地压缩个体的理性反应时间，促使个体在短时间内只能以快感、欲望等情感形式做出即时反应，而无法进行以理性为基础的深度思考；以抖音、快手等为代表的短视频技术，直接诉诸人的感知和快感，其场景可视可感可触可交互，受众在技术呈现事件的场景中更加受制于情感逻辑的支配。相比于思想观念信息的传统传播方式，智能技术加持的信息传播通过高频度、大批量的算法推送，在极短时间内聚集性地向受众灌输某类具有特定思想观念倾向的信息，由此在事件全貌被完整呈现之前，受众就已经形成了符合特定思想观念倾向的感官认知，这种感官认知诉诸人们的情感世界而非理性思考，诉诸人们的情绪体验而非自我批判，诉诸人们的感性经验而非逻辑推断。在当今智能化产品已经铺天盖地而人们的注意力相当稀缺的条件下，智能技术欲要发挥出最大化的思想观念效果，总是直接命中人们头脑中的情感区域，通过调动情感区域的神经传导物质来提升人们的快感阈值，从而促使人们沉浸于快感阈值被图像视频不断挑拨调动的正反馈循环中。从当前智能技术所推送的内容来看，多数都是诉诸人们情感需求和感官娱乐的内容，这些内容很少呈现完整的逻辑链条和全面的因果关系，而只是针对人们情感或感官领域的某种普遍性的需求，注重以情引人、以情感人、以情动人，即使带有理性思考的内容也是在调动情绪的基础上得以呈现，这使得人们的情感世界成为思想观念博弈的焦点领域。

面对情感吸引已经成为争夺思想观念空间的态势，思想观念建设不能因为情感在某些思想观念领域成为了低级趣味、极端情绪的"跑马场"，就放弃了在情感吸引方面提升思想观念吸引力话语权的努力方向。

马克思早已指出，作为上层建筑的思想观念本来就体现在人们的"情感、幻想、思想方式和人生观"方面，[①] 现实生活中的思想观念往往不是非黑即白、善恶分明的二分领域，不是那种一眼看上去就很容易分出真假对错、善恶美丑的简单化区分，而是真理与谬误重合、高尚与卑下混合、崇高与暧昧重叠、理性与感性交织的复杂性领域，尤其是在智能技术所构建的思想观念图景中，只是去构建高大上的观念形象，那么必然无法吸引每天生活于智能化场景中的现代民众，而只有调整原有的意识形态姿态，切实意识到智能技术所对应的情感世界这一天然的思想观念场域，将思想观念建设的宏大目标有机融入到接地气、有烟火气的图像作品和视频作品中，让现代民众在智能技术的无缝接入、在情感磁场的情绪反应中实现人生观和价值观的主流化再生产，这应当是思想观念建设的重要着力点。

在智能时代，思想观念吸引力话语权的提升更加倚重情感吸引和感性争取。一方面，要以情感调动策略来激发思想观念认同。面对各类思想观念争夺情感空间的博弈态势，思想观念工作者要善于凝聚有利于己方的思想观念共识，充分运用智能技术的短时聚集、多轮渲染、反复强化等策略，促使民众以符合社会主义意识形态的方向来感受社会事件的意识形态性质。在近年来的外交事件中，适时地将我国外交谈判的过程及其精彩点展现于移动端，让民众真切感受外交人员的不易与努力，这

---

① 《马克思恩格斯文集》第 2 卷，人民出版社 2009 年版，第 498 页。

有助于突出社会主义意识形态的价值制高点，从而争取更多民众支持主流思想观念叙事。另一方面，以情绪唤醒策略来增强思想观念效果。习近平总书记强调："人在哪儿，宣传思想工作的重点就在哪儿，网络空间已经成为人们生产生活的新空间，那就也应该成为我们党凝聚共识的新空间。移动互联网已经成为信息传播主渠道。"① 思想观念建设应该关注人的存在方式，既然情感世界是人的存在方式的重要内容，那么思想观念建设工作就要适应情感世界的特点来展开。思想观念建设通过收集、整理各类数据，能够比较准确地研判思想观念信息产生的情绪效果，或者强化某种积极正面情绪反应，或者弱化某种消极负面情绪反应，从而激发民众的思想观念共鸣。

最后，构建智能化范式是思想观念建设工作的必由之路。习近平总书记指出："没有网络安全就没有国家安全；过不了互联网这一关，就过不了长期执政这一关。全媒体不断发展，出现了全程媒体、全息媒体、全员媒体、全效媒体，信息无处不在、无所不及、无人不用，导致舆论生态、媒体格局、传播方式发生深刻变化，新闻舆论工作面临新的挑战。"② 要在智能时代积极应对智能技术的观念风险，就必须推进思想观念建设工作的范式转换，推动形成智能化范式来实现思想观念建设工作的新发展局面。"范式"一词来自库恩的《科学革命的结构》一书，"范式"的涵义非常广泛，它可以是科学家共同体公认的科学理论，也

---

① 《习近平谈治国理政》第3卷，外文出版社2020年版，第318页。
② 同上书，第317页。

可以是专业教育所规定的思想框架，或者是科学实验活动中某些公认的范例。思想观念建设工作的智能化范式是指从智能化的底层逻辑、数智化的特点规律、精准化的方针原则、互动化的实践规范等整体性视域规划和实施思想观念建设工作，确保思想观念建设能够驾驭智能化格局，全面提升智能时代的思想观念吸引力话语权。

具体来说，智能化的底层逻辑是指思想观念建设已经全面进入"信息找人"的智能时代，原有的一对多、上级对下级、中心对外围的思想观念建设范式需要调整为多对多、扁平式、多中心、弥散式、精准式的思想观念建设新范式。只有在思想观念建设的理念、原则、流程方面深刻把握智能时代的特征，才能适应和驾驭智能化格局。数智化的特点规律是指智能时代发挥出思想观念效果的载体不仅仅是传统的报纸、书籍、电影、电视和互联网，而且更是以大数据为支撑、以算法推荐为机制、以智能推送为原则的数智化产品，包括人工智能、移动互联网、物联网以及人们每天沉浸于其中的短视频、聊天产品、社交产品、游戏产品等。精准化的方针原则是指思想观念建设要摆脱千人一面的统一姿态，通过获取个体动态生成的、即时全面的数据，以结构化、可视化的数据报告为支撑来让思想观念建设真正"读懂"人们，从而全面动态感知人们的身心状态、精准有效地满足人们的个性化需求。互动化的实践规范是指思想观念建设摒弃将个体视为思想观念信息接收器的假定，充分把握智能时代人们渴望表现个性、渴求交流实现的特点，充分把握人人交互、人机交互、机机交互的多元联通特征，通过构建可交互、可反馈、可调整、可循环的实践规范来打造生动活泼、亲切有趣、高效稳健的思想观念建设体系。总之，智能化范式实现了以人为中心的思想观念建设理念，在承认每个人的个性差异基础上促进人们理想信念、价值理念、道德观念都能够生发出自身的活力与精彩，这是思想观念建设在智能时代的必然选择，更是思想观念建设提升吸引力话语权的基础路径。

第一章

智能技术的观念风险

习近平总书记指出："人工智能是引领新一轮科技革命和产业变革的重要驱动力，正深刻改变着人们的生产、生活、学习方式，推动人类社会迎来人机协同、跨界融合、共创分享的智能时代。"① 以机器学习、物联网、大数据、智能算法等为代表的智能技术集群，建立了全新的信息传播、推送与交流机制，构建了广泛化、体系化、便利化的媒介平台，进一步打破了人们交流交往的时空限制，全方位地渗透到人们思想观念的各个方面，为思想观念建设提供了技术支持与现实场域的便利条件。但是，智能技术是一把双刃剑，在深刻改变人类的生活、引发社会形态和社会结构的深刻变迁的同时，也会对现有的思维观念、价值伦理、信仰认同与社会秩序造成一系列负面影响，带来思想观念领域诸多风险。因此，如何驾驭智能技术并有效规制，总结、掌握运用智能技术的基本规律与原则，把握和运用智能技术带来的有利条件，使其服务于思想观念建设，无疑是新时代历史方位下思想观念建设面临的一个紧迫课题。

① 习近平：《向国际人工智能与教育大会致贺信》，《人民日报》2019 年 5 月 17 日。

第一节　智能技术观念风险的表征

智能时代技术的发展给思想观念建设带来诸多机遇的同时，造成的观念风险也是前所未有的：智能技术引发的信息茧房和圈层分化削弱了主流思想观念的认知整合；信息把关权从人工向程序转移造成的缺位消解了社会主义价值信仰；资本裹挟算法逻辑使得社会主义意识形态的总体安全遭受风险与威胁；智能技术造成的内容推荐去中心化分散了主流思想观念的引领效果。

一、观念的信息茧房和圈层分化

马克思在《德意志意识形态》中揭示了主流思想观念的实质，即"每一个企图取代旧统治阶级的新阶级，为了达到自己的目的不得不把自己的利益说成是社会全体成员的共同利益，这在观念上的表达就是：赋予自己的思想以普遍性的形式，把它们描绘成唯一合乎理性的、有普遍意义的思想"[①]。统治阶级必然要以一定的方式和手段将自己的思想转化成具有普遍性的思想，就此而言，思想观念建设工作需要采取智能技术的方式调整社会成员的思想观念，树立社会成员的价值认知，从而形成主流化的观念认同。

一个明显的事实是，任何一个人的信息注意力都是有限的，对于很多人来说，比较缺乏主动关注主流思想观念信息的自觉习惯。在这种条

---

① 《马克思恩格斯文集》第 4 卷，人民出版社 2009 年版，第 552 页。

件下，智能技术利用数据回收、整合与处理，对用户进行精准画像，然后根据用户的特点与偏好进行精准反馈、精准推送，最后在算法程序的多轮互动中对各类思想观念信息的传播过程进行精准修正，形成了一个信息传输和反馈的闭环模式。智能技术为用户构建了无数个性化的信息空间，用户"只注意自己选择的东西和使自己愉悦的东西"①，就会使得信息空间趋于封闭。通过大数据的积累、挖掘和训练，智能算法推送技术能够根据用户的性别、年龄、地域、人际关系等个人基础信息来生成用户模型，在用户的各种指令、浏览内容、停留时间等网络痕迹中捕捉用户偏好，并通过实时数据计算不断更新，构建出精准的用户画像，判断用户的兴趣所在。在算法推荐技术的加持下，用户周围会逐渐形成一个思想观念信息的"过滤气泡"，用户不感兴趣的思想观念信息逐渐被排斥在外，长此以往会使个体将自身桎梏于如蚕茧一般的"茧房"之中。"你关心的，才是头条"的信息推荐模式使人们在不自知中远离多元信息与权威观点，阻滞主流思想观念的传播路径，弱化人们对主流思想观念的认知理解。

多数民众关注的信息内容往往与日常生活息息相关，而主流思想观念因其内容严肃、主题宏大、理论性强等原因，容易被民众冷落和忽视，进而被智能技术拒之门外，导致其失去整合民众思想观念的机会。在信息茧房的情境中，民众被个性化的智能算法网罗成一个个同质聚集

① ［美］凯斯·R.桑斯坦：《信息乌托邦：众人如何生产知识》，毕竞悦译，法律出版社 2008 年版，第 8 页。

的小圈子，小圈子内部成员共享着大致相同的思想观念、心理认知、价值体系，从而逐渐生成内部同质化而外部异质化的群体意识。比如追星族紧密关注着自己喜爱明星的行程和各类宣发，在粉丝群中乐此不疲地进行打赏、分享，游戏爱好者的主页都是电竞视频、游戏攻略，论坛话题围绕职业比赛、版本更新和各种战绩展开，而某些老人则热衷浏览转发养生秘籍与情感课堂的公众号文章。智能技术直接针对特定群体偏好的个性化推送，在塑造群体内部高度归属感的同时，却也塑造了不同群体间的异质区隔，由此导致社交圈层的分化、固化和极化现象，社交圈层间越难以逾越，不同群体之间的刻板印象就越深刻，民众的社会认同和观念共识被削弱，主流思想观念整合的难度大大提高。

二、价值信仰的把关缺位与转移

主流思想观念的建设归根到底是价值信仰的建设。马克思指出："占统治地位的思想不过是占统治地位的物质关系在观念上的表现，不过是以思想的形式表现出来的占统治地位的物质关系。"[1] 这段话明确地阐述出思想观念所具有的强烈阶级属性和鲜明价值取向。智能技术内在地蕴含着以资本增殖为价值追求的资本逻辑和以技术主义为生存目标的工具理性，不断将人们的"资本崇拜"和"工具崇拜"推向极致，在释放出巨大技术红利的同时遮蔽主流思想观念的价值导向，消解人们对主流思想观念的价值信仰。

---

① 《马克思恩格斯文集》第 2 卷，人民出版社 2009 年版，第 591 页。

美国社会学家库尔特·卢因在《群体生活的渠道》一书中指出了"把关人"理论："在信息的社会传播过程中把关人起着至关重要的作用，影响着信息传播的走向与价值规范。"[①] 在传统媒体时代，把关人是人本身，人不仅能够辨别出信息的真伪，选择向用户推出什么样的信息、反馈用户的需求等，而且能够确定哪些信息符合主流思想观念，从而有助于主流思想观念建设。例如，传统媒体时代的编辑记者和媒体机构，多数能够坚持正确的舆论导向，合理设置社会议题，引导人们树立正确的价值观念，从而巩固主流思想观念的权威性和公信力。而在智能时代，互联网平台强势登场后占据着舆论阵地，主流媒体手中的把关权被转移到各种新兴平台型媒体手中，哪些内容能够得到重点关注和积极传播会受平台资本等因素隐性操控。与此同时，信息的把关权由人工转让给了机器与程序，由此导致信息把关的门槛下降，尽管机器把关在一定程度上规避了传统人工编辑的主观情感介入，新的传播形式也给用户带来新的视听体验，但是机器把关促使信息传播的自由度大大增加，包含着不同价值观的思想观念信息被机器程序轻易放过，带有刺激性、快感性、娱乐性的内容时刻牵引着用户的注意力，而严肃的时政、权威的理论和主流的新闻等信息逐渐被边缘化。在此过程中，很多"标题党"、营销号趁虚而入，通过传播煽动性信息来隐性渗透极端观念，阻碍社会共识的形成和用户价值信仰的建构，主流思想观念的生存空间由此被压缩，核心价值观的传播遭遇空场。

---

① 邵培仁：《传播学（修订版）》，高等教育出版社 2007 年版，第 89 页。

　　信息把关权向机器与程序的转移还使得用户的价值主体性被架空，价值信仰的确立面临消解的境地。一方面，众多的鲜活个体被转换成算法数据体系中的某个数据点、某个标签，成为单一化、同质化的存在。智能技术支撑的平台决定着用户看到什么、听到什么、喜欢什么、需要什么并且代替他们进行价值排序和价值选择，这就挤压了主流思想观念的话语空间。另一方面，基于工具理性的智能技术只会严格遵循预先设定的程序参数，缺乏独立的价值判断与辨别能力，不会去考虑信息整体的合法性与价值导向。智能技术被设定为遵循流量原则，即只要是用户喜欢和感兴趣的就会被算法选中，并且通过置顶、提醒、重复推荐的方式将特定内容展示给用户，获得信息传递和价值评论的主动权。而平台和内容创作者出于流量原则和营利目的，往往会批量生产夸张猎奇、低级媚俗的内容，持续且隐蔽地进行价值诱导，只为最大程度地吸引用户注意、收割用户流量。对于用户陷入浏览信息的价值偏离状况，机器程序很难进行自动自觉的矫正，而是不断强化用户原有的浏览习惯与价值取向，由此就导致用户的价值理性被逐步蚕食，用户越来越与主流思想观念发生价值信仰上的疏离。

三、资本裹挟算法逻辑

　　意识形态安全是我国安全体系的重要组成部分，党的二十大报告明确将意识形态安全与国家政权安全和制度安全纳入推进国家安全体系和能力现代化之中，而维护我国意识形态安全的重要方面便是确保社会主义意识形态占据主导地位。习近平总书记强调："网络已是当前意识形态斗争的最前沿。掌控网络意识形态主导权，就是守护国家的主权和政权。"① 在智能技术的加持之下，大数据与算法逻辑的应用最大程度地激发了市场经济蕴藏的资本活力。资本裹挟下的算法逻辑，如果不运用主流价值导向加以恰当引导，那么必然异化为资本增殖的单向度工具，而不是传播正确价值导向、传递主流思想观念的有效载体。

资本裹挟算法逻辑，首先是要利用算法来强化资本扩张和逐利的过程，通过无底线地迎合用户需求，想方设法吸引用户的持续关注，进而将流量优势转化为实实在在的经济收益。不难发现，当今网络上各类网红话题、推广软文等充斥平台媒体，关键就在于它们能"圈粉""引流"，具有极强的变现能力，所以它们总是被列入优先推荐池，进行集中曝光和重复推荐。用户自觉或不自觉地从追求有意义的信息转向追求有意思的信息，主流思想观念的声音就越来越难以传得开、传得广、传得深，在资本与技术的合谋下落入竞争劣势。其次，被裹挟的算法逻辑成为附属于资本增殖目的的工具，这使得网络空间中的用户总是欲罢不能地进入到消费主义的欲望氛围中。资本控制的平台能够通过大数据精准分析用户的消费习惯与消费心理，向用户持续不断地推送种类繁多、精确击中用户痒点和痛点的商品，长此以往不仅促使人们习惯于冲动消费、超前消费和超额消费，而且在潜移默化中激发人们的攀比心理，由此给主流思想观念和核心价值观的建设工作带来极大阻力。再次，西方

① 习近平：《论党的宣传思想工作》，中央文献出版社2020年版，第23页。

国家的一些资本会借助智能技术的算法黑箱，通过窃取用户数据、煽动敏感议题、干预网络舆情、渲染极端行为等手段对我国进行意识形态渗透，稀释主流思想观念的领导权和话语权。当前网络中所谓的"公知"等公众人物利用深度伪造和智能过滤技术扭曲社会热点事件的事实真相、引导民众政治倾向的情况层出不穷，他们有组织、有策略、有针对性地直击"灰色地带"，扩大"黑色地带"，这些都给维护社会主义意识形态安全埋下了极大隐患。最后，政府机关在智能技术、行政统一和数据积累方面仍面临许多难题，往往无法及时而有效地提供完备的智能治理方案。资本平台凭借技术先发、制度灵活、资金充足等优势，长期占据算法技术、媒体平台的引领地位，成为智能技术发展与创新的主体，这就使得政府机关在经济社会发展的许多方面不得不使用或加入其已经构建的平台。如此一来，政府机关无法把控算法推荐的数据收集处理与推荐权重构成，从而就无法凝聚广大用户的思想意识与价值观念。

四、内容推荐去中心化

习近平总书记在党的二十大报告中指出，"我们确立和坚持马克思主义在意识形态领域指导地位的根本制度……意识形态领域形势发生全局性、根本性转变"，并强调"建设具有强大凝聚力和引领力的社会主义意识形态。"① 对于意识形态的思想阵地，如果我们不用科学的思想观

---

① 习近平：《高举中国特色社会主义伟大旗帜　为全面建设社会主义现代化国家而团结奋斗——在中国共产党第二十次全国代表大会上的报告》，人民出版社 2022 年版，第 41 页。

念去占领，其他的社会思潮和错误观念就会去占领，主流思想观念就会丧失主导权。坚持马克思主义在意识形态领域的指导地位，是我国作为中国共产党领导下的社会主义国家保证正确发展方向的根本前提。

在传统媒体的金字塔式传播模式中，自上而下的层级信息扩散是信息流通的主导模式。主流媒体不仅能够掌握绝大部分的信息资源，承担发布信息的主要任务，而且还能有效控制社会信息传播与交流的各类渠道，党报、党刊、党台在社会舆论中居于强势的传播地位，这种传播模式与传播地位为主流思想观念的引领实效提供了重要保障。但是，伴随智能技术崛起的是一种去中心化、扁平化、交互化的信息流通模式，人人都有自由发表意见的空间与可能性，人人都能利用互联网成为某种观点的发声者，很多自媒体人甚至有机会与传统媒体进行博弈，由此普通民众获得了极大的传播话语权，人们能够通过发布信息、设置议题等来影响流通领域的信息数量、信息内容和信息流向。习近平总书记强调："很多人特别是年轻人基本不看主流媒体，大部分信息都从网上获取。必须正视这个事实，加大力量投入，尽快掌握这个舆论战场的主动权，不能被边缘化了。"[1] 从行业生态的角度看，传统媒体在市场营销、受众规模、社会影响力等方面均受到平台型媒体的挤压，主流媒体的边缘化趋势越来越严重，主流思想观念的资讯在日常传播中的覆盖率也相应地降低，这就使得主流思想观念的引领空间被压缩，引领实效被减弱。

---

[1] 中共中央文献研究室：《习近平关于全面深化改革论述摘编》，中央文献出版社2014年版，第83页。

第二节　智能技术观念风险的样态

从表现样态来看，智能时代的思想观念风险既具有传统观念领域风险的特征，又延伸出智能技术的智能化、信息化和数字化特质。大体来说，观念领域的风险主要表现为智能技术歧视所导致的观念认同危机、智能技术牢笼所导致的观念凝聚力消解和智能技术黑箱所导致的观念引领力弱化。

一、智能技术歧视：认同危机

观念认同是人们对某种思想观念和价值体系的自愿接受和主动遵从，其在根本上是一种价值认同。主流思想观念要发挥自身的凝聚力和引领力，就必须获得民众的广泛认同，否则将在某种程度上走向边缘化。可以说，认同感是判断主流思想观念是否安全的重要标准。

智能技术歧视是智能技术嵌入思想观念领域后影响观念认同的主要技术因素。智能技术歧视是指"在看似客观中立、没有恶意的程序设计中，却带着开发者的偏见，或者因所采用存在倾向性，或者因设计技术局限，在实际应用中导致了种族歧视、性别歧视、年龄歧视、阶层歧视、区域歧视、仇外思想等严重的政治后果"[1]。以人工智能的底层算法"词嵌入"为例，词嵌入通过将词转换为数字，在自然语言处理模型中用作输入。如果词之间的意思相似，它们映射在数学上的意义也是相近

---

[1] 汝绪华：《算法政治：风险、发生逻辑与治理》，《厦门大学学报（哲学社会科学版）》2018 年第 6 期。

的，因此词嵌入通过评估单词出现的上下文来编码信息。然而，这种智能技术在现实运作中常常隐藏着种种偏见，例如女性和护士、秘书和舞者的关联更为紧密。智能技术出现歧视与偏见的原因是多元复杂的，但根源在于算法开发人员将固有的偏见有意或无意地编码到机器学习模型之中，从而导致客观事实出现价值偏差。当前，智能算法正在以一种不可或缺的形式参与到日常思想观念的建构过程中，发挥着维持社会生活正常运转的重要作用，而智能技术偏见的"特洛伊木马"就隐藏在每行代码、每条信息、每个界面中。然而，大部分技术用户往往在技术中立的假象下忽视了智能技术潜藏的碎片化思想观念，难以判断其背后的真实意图以及多种社会思潮的舆论交锋。弥散在智能技术空间中的非主流价值话语和社会思潮潜在地影响着人们的观念和认知，形成了相应的观念偏见，从而对主流思想观念的认同构成了价值干预。一旦用户默认或主动接受了智能技术的介入，就不可避免地受到其附带的非主流价值取向的影响，进而造成一定的价值分化。长此以往，当这种价值分化达到一定程度时，就会带来思想观念的矛盾和冲突，这对主流思想观念体系的价值认同构成了一定的挑战。

二、智能技术黑箱：凝聚力消解

主流思想观念通过确立自身在国家和社会中的合法性和主导性地位，来发挥凝聚大众共识、引领社会思潮的重要作用。智能技术的过程不透明性、操作复杂性和价值嵌入性使其成为了部分非主流思想观念藏身的空间，由此使得主流思想观念的权威面临着失落和消解的风险。

　　智能技术黑箱是关于智能技术不透明性的隐喻，即智能技术虽然成为了链接现实世界和数字网络的重要中介，但大部分被智能技术所介入的用户都只能观察智能技术的输入和输出而无法了解其内部的运作过程，这种未知状态直接导向了人们对智能技术的恐慌。一些人认为在智能技术黑箱的遮蔽下，整个社会将成为被智能技术操控和支配的对象。从技术本质上看，智能技术黑箱并不等同于暗箱操作，它实际上是技术保密性和复杂性所产生的结果。即便对于智能技术专家而言，要彻底了解智能技术收集的数据、分析数据的方式以及所构建的模型也较为困难。作为智能时代的关键技术，智能技术黑箱在实际运作的过程中极有可能成为非主流思想观念渗透的藏身之处。在现实运行过程中，由于技术手段和技术人员的限制，智能技术往往掌控在操纵智能技术的私人技术公司之中，而智能技术的实际需求者和使用者则逐渐被边缘化，并失去了对智能技术的所有权和控制权。出于某种利益衡量，智能技术的控制者极有可能在黑箱的遮蔽下竭力将历史虚无主义、普世价值与新自由主义等思潮嵌入到智能技术之中，对主流思想观念展开更具深度、更广泛和隐蔽的渗透，进而影响和重塑用户的思想观念。然而，由于智能技术操纵主要集中在平台后台进行，并且具有一定的复杂性和专业性，用户在技术鸿沟和技术不透明性的双重限制下往往察觉不到智能技术所嵌入的非主流价值观念。这些非主流的、泛娱乐化的、感官化的思想观念会在一定程度上歪曲、模糊、掩盖甚至否定社会主义意识形态的话语内容与政治意涵，进而消解主流思想观念的凝聚力。

三、智能技术牢笼：引领力弱化

主流思想观念的引领力是打破认知差异、统一价值观念的重要表现，也是确保主流价值观念占据话语主导权的主要标志。在智能技术牢笼的技术场域下，去中心化的信息分发模式所引发的价值分化和价值失序将逐渐导致主流思想观念引领力的弱化。

智能技术牢笼指的是"算法＋推荐"的信息分发模式将大众禁锢在信息的牢笼之中，造成了公众视野的偏狭与思想的封闭。目前，越来越多的头部信息分发企业和信息分发类社交平台加入智能技术推荐序列，不断加大对智能技术的研发投入，智能推荐已经成为当代社会移动资讯的主要分发方式。智能推荐是指运用智能技术对用户的基本信息、浏览痕迹以及社交属性等数据进行精确采集与分析，构建标签化的"用户画像"，进而筛选并且推送迎合用户兴趣偏好数据的信息分发方式。就其技术本质而言，智能技术推荐是大数据和智能算法构建产生的用户需求和信息供给的个性化适配关系。直观上看，智能技术推荐优化了传统的信息分发机制，能够快速满足用户的信息获取需求以及提升平台内容的分发效率。然而，这种智能化、个性化和精确化的信息分发方式也在一定程度上挤压了主流思想观念的话语空间，弱化了主流思想观念的引领力。其一，智能推荐以用户为导向的迎合式信息分发方式造成信息茧房和过滤气泡效应，即用户更易于接受与自身的兴趣和价值偏好相契合的同质化信息，忽视与自己的关注视野存在偏差的异质化信息。这种推荐方式虽然有助于增加用户黏性，但也将加剧个体的价值分化和价值分隔。其二，在同质化的社交圈层环境下，具有相似价值观念的用户往往会相互吸引，并通过网络社交圈层展开交流互动。在此过程中，价值观念逐渐固化为特定社交圈层特有的思想观念立场。长此以往，随着各种个性化思想观念在网络交互中的成型与发展，网络社交圈层对主流思想观念的价值理解鸿沟也将逐渐深化。其三，部分网络平台在"流量至上"的利益导向下，意图通过传播暴力、低俗和虚假信息的形式来吸引用户的注意力，这些不良信息的传播也挤压着主流思想观念信息的覆盖范围，导致了网络空间的价值失序问题，进而消解了主流思想观念的价值合理性。

第三节　智能技术观念风险的技术根源

　　智能技术的观念风险使其不可避免地嬗变为利益集团思想观念操控的利器。在少数掌控甚至垄断智能技术的资本推动下，数据崇拜和算法独裁逐渐演化为数字社会的弥散性与隐蔽性症候。在此基础上，正是借助于作为社会中介的大数据与具备权力属性的智能技术，思想观念领域的风险才以不断翻新的形式生成出来。

一、数据崇拜：大数据对社会建构的中介性作用

　　在智能时代，数据已经成为了社会生产和交往过程中所不可或缺的基本要素。实际上，对数据的记录和分析在智能时代之前就已存在，探索世界的原初欲望一直推动着人类对数据的利用，但储存和分析数据的技术局限性致使数据运用只能小范围地存在。数据分析技术的狂飙猛进实现了小数据时代向大数据时代的跨越，大数据的全域分析逐渐成为现

实。这种方式极大地满足了对数据细节的考察需求并提高了微观层面的分析准确性，更重要的是，它让人们前所未有地认识到了大数据的价值潜力。只要掌握足够多的相关性数据，就能够在数据追踪和数据测绘的基础上精准地刻画个体的生活方式与社会形象，进而预测甚至掌控该个体的行为倾向。例如，脸书（Facebook）就通过分析用户的社交图谱来获知使用者的价值倾向和兴趣范围。很显然，大数据所驱动的分析方式更加精确和高效。

时至今日，资本和大数据的深度互构正推动着大数据无缝嵌入人们的日常生活，甚至成为了社会关系的数字化中介，并深刻地影响着人们认识和理解世界的方式。在哈贝马斯看来，技术始终是一种历史与社会的设计，这种设计在数字资本主义社会直接凸显为资本对大数据技术的建构。具体而言，大数据的潜藏价值成为了资本锚定的对象，资本的逐利本性使其不断开发大数据，以抢占生产力的制高点。例如，当前资本的竞争战略正从土地、人口和能源的争夺转向对大数据的抢夺，美国、日本和欧盟竞相制定大数据战略，试图率先挖掘大数据的潜在价值并引领数字产业革命。可以说，今天大数据规模化的管理、分析和应用与资本的支撑不可分割。资本和大数据的联合推动着大数据在社会生活的深刻嵌入，无论是政治领域的公共政策评估与研究，经济领域的传统产业数字化转型，还是文化领域网络社交媒体的信息推送，它们的底层设计都建立在大数据分析的地基上。大数据已然变成了万事万物在数字社会的符号替身以及构建社会关系的新型中介，数据化似乎成为了智能时代万事万物难以逃脱的终极命运。由此，在数据成为一种普遍性和绝对性存在的境遇下，人们就有可能形成一种以数据为中介要素来理解世界的思维方式。当前，数据不仅成为了智能时代度量万物价值的尺度，也成为了人们日益崇拜和追捧的对象。这种数据崇拜所衍生出的最明显的思维方式就是数据意识和量化思维。在量化思维者眼中，世界就是一堆信息的总和，从长度、重量、时空、文字到人的社会关系，生活的一切的元素只要加以划定、区分、筛选和量化之后，就能够被人类驯服和利用。当一切存在都可以被量化的时候，马克思的预言——"抽象统治一切"似乎已经超越了其所处的时代，深刻地命中了当今社会的症候。

二、算法独裁：智能技术对数字权利的统治与支配

算法独裁是指人们对算法的过度依赖所导致的人的思想、行为和决策受到算法支配与主导的现象。从本质上看，算法独裁是算法权力扩张与越位所导致的"算法利维坦"现象。智能算法并不是抽象的数字、符号和代码的简单集合，算法的操控与垄断者凭借自身在算法设计与研发维度的技术优势，不断借助算法增强对政府、公民和整个社会的影响力与控制力，进而导致了算法权力的产生与越位。直观上看，算法独裁是技术权力操控与统治，但其背后潜在地关联着资本意志的实现，正如马克思在分析机器所招致的社会矛盾时所敏锐指出的，"这些矛盾和对抗不是从机器本身产生的，而是从机器的资本主义应用产生的"[1]。具体而

---

[1] 《马克思恩格斯文集》第 5 卷，人民出版社 2009 年版，第 508 页。

言，算法独裁生成的主要原因包括：其一，在智能算法逐渐深入人们日常生活的数字技术秩序下，人们不得不被动接受算法对各类决策行为的介入，并在享受高效、便捷的算法体验的过程中不断增强对算法的依赖。其二，算法技术的私人占有、算法技术的复杂性以及算法研发的高度分工使得智能算法呈现出不透明化、难以整体把握的状态。同时，算法技术对缺乏专业数字素养用户的高度排斥也在一定程度上加剧算法的不透明性。算法的不透明使我们无法透视算法影响的产生机理和可能性后果。其三，核心算法代码的编写权力始终被平台资本所垄断，这在一定程度上使得这部分平台资本能够凭借技术优势，操控整个社会的信息资源，进而影响大众和政府的行为决策。

算法独裁内含数字权利的让渡以及对数字权利的支配与统治的逻辑。数字权利是指数字主体在大数据与算法环境下所拥有的数据访问权、数据保护权、算法使用权等权利的集合。对越位数字权力的控制与对正当数字权利的保护是实现数字正义的基础。在当前的智能时代，算法权力的无序扩张直接导致了数字权利的丧失。在算法秩序中，算法的使用者为了获取以算法为依托的服务，必须将自己的数字权利让渡给算法权力，而算法的控制者和研发者则处于不受任何限制的自由状态。例如，算法秩序下较为普遍的服务与隐私的不对等交换，一旦用户拒绝让渡自己的隐私数据，就无法使用平台、浏览页面和获取信息。因此，大部分用户为了避免被主流技术话语边缘化，往往选择忽视隐性强制的事实，主动出让自己的信息。与此同时，算法技术还直接控制着用户所接收的内容，即算法的研发者直接决定着哪些内容能够进入用户的视野，哪些信息需要被隐藏到后台之中。在这种算法契约秩序下，处于弱势地位的普通用户不可避免地被抛入算法所设置的监控体系之中，却无法通过行使数字主权制衡算法权力的统治。

三、价值形塑：算法与大数据深度联合的观念操控

在智能时代，算法和大数据实现了前所未有的深度联合。大数据常常被视为智能时代的新石油，但如果没有炼油的设备和工具，石油的存在并不能发挥出最大价值。因此，算法和大数据的互相支撑直接构成了人工智能发展的底层逻辑。具体而言，算法与大数据相结合的必要性在于：其一，数据并不等同于信息。数据是数字、字母和符号的抽象集合，其本身是孤立、零散和杂乱的，因而数据只有经过提取之后才能转化为可直接使用的信息。也就是说，数据所具有的数字意义需要被动态地建构出来。其二，日常网络平台所产生的数据是成千上万的，但大部分数据都因不具使用价值而被淘汰为"剩余数据"。因此，数据的利用必须经过一定的结构式转换，而算法就是统摄、筛选、使用数据的外在结构式，它不仅决定了数据在何种意义上可以成为信息，而且通过数字关联赋予了单个数据外在的价值。其三，算法技术只有以大数据为支撑才能产生巨大的支配力和影响力，即只有建立在大数据喂养的基础上，算法才能实现从传统算法到深度学习算法的更新迭代，主动地从数据中进行学习。

"算法＋大数据"的深度联合与逻辑互动实现了资本对思想观念的

智能操控。从算法逻辑来看，由于算法本身是不透明的，因此算法技术的掌控者和设计者常常会将特定的思想观念植入到算法编码的过程中，影响信息内容的呈现与屏蔽。与此同时，深度学习算法会根据现实的运作体验不断完善数据训练模型，而算法在与用户的实际互动过程又不可避免地带有使用者的价值倾向，因此算法在自我优化的过程中会逐渐带入多元复杂的思想观念。从数据逻辑来看，算法训练模型所接触到的数据性质是决定算法是否带有价值偏见的重要因素。如果算法所使用的数据本身是非中立的或者并不完整，那么其所喂养的算法模型也将带有一定的价值倾向。例如，目前冲击人工智能领域的 ChatGPT 在本质上就是一种自然语言生成模型，其学习数据的选择主要依靠研发公司制定的规则，如果 ChatGPT 在训练模型时接触的数据集具有特定的价值倾向，那么它在进行语义输出的过程中，就易于将这些价值倾向镜像般地投射出来。总之，算法与大数据的一体式结构已经成为了资本操控思想观念的数字利器。智能算法与大数据的深度联合及其与资本主义编织的过程，使得资本对思想观念的掌控能够延伸至数字社会的细微之处，并且致使算法与大数据原有的思想观念风险日益恶化和扩张。

第二章

观念风险的存在前提

在智能时代，智能技术的狂飙猛进使其逐渐实现了对社会各个领域的全面嵌入和无缝渗透，人类的生存方式、交往方式和生产方式都发生了前所未有的变革，智能技术已然成为了具有强大支配力与影响力的超技术性存在。随着智能技术在研发与应用过程中与现实社会的政治体系、权力结构和价值观念的频繁接触，智能技术与思想观念这两个直观上的异质性存在逐渐达成了深度勾连，并不断被赋予对方的属性和特质。一方面，智能技术超越了纯粹技术属性的意识形态真空状态，衍生了隐蔽的意识形态面相和意识形态功能，实现了从意识形态载体到意识形态本体的转化，成为了一种真正的"意识形态的国家机器"。另一方面，在快速迭代的智能技术的加持下，意识形态在深度学习、算法推荐、虚拟现实技术所形成的智能合力的支撑下，不断增强对技术的依赖性，并实现了自身范式的智能化升级。智能技术与思想观念在现实生活中的深层交互也不断例证着二者的殊途同归。以当前的生成式智能技术浪潮 ChatGPT 为例，它在研发的过程中就被技术控制者植入了特定的价值倾向，并在技术中立的标签下通过语义输出的方式将其附带的价值观念潜在地传递给使用者。与此同时，ChatGPT 的诞生也实现了意识形态生产、传播、治理和话语方式的更新迭代，成为了当前各种意识形态博弈的新型数字战场。可以看出，智能技术与思想观念从未像今天这样紧密地联结在一起。然而，智能技术是如何打破价值中立状态，承载特定意识形态属性与功能的？思想观念又是如何在智能技术不断渗透与扩张的环境下走向智能化的？据此，我们有必要深入到智能技术与思想观念的关系之中，考察智能技术意识形态化以及思想观念智能化的内在逻辑，这成为揭示智能时代观念风险的存在前提。

第一节　智能技术的意识形态化

在马克思主义经典作家看来，科学技术与意识形态分属于生产力和上层建筑领域，二者不能混淆在一起，但是这并不意味着科学技术与意识形态是相互割裂甚至相互对立的两个部分。实际上，智能技术与意识形态从分离到耦合，即智能技术从意识形态的载体发展至意识形态的本体，并生成一定的意识形态属性以及表征着特定的意识形态功能，经历了漫漫长路。这种转变是智能技术具备高度自主性的技术逻辑与技术内嵌价值观念的社会逻辑合流的结果。在技术与价值的相互耦合的作用下，智能技术逐渐显现出数据崇拜、算法独裁、价值形塑等意识形态属性的表征。

一、技术意识形态视角的考察

科学技术与意识形态的关系是探究意识形态和科学技术发展史都无法绕开的重要问题。对于技术与意识形态的关系，传统的技术中立论者主张技术是满足人们某种需求的纯粹工具；强调技术原生状态下的自然属性，认为技术与价值无涉，即技术属于意识形态的真空地带；技术只有在现实的应用过程中才被赋予相应的价值属性。人们往往把技术的价值中立状态归因为技术所具有的理性以及技术所内含的真理的普遍性，这是因为既然真理具有普遍性与客观性，那么真理的技术载体也就相应地独立于社会建构与政治体系。例如，梅塞勒指出："技术为人类的选择与行动创造了新的可能性，但也使得对这些可能性的处置处于一种不确定的状态。技术产生什么影响、服务于什么目的，这些都不是技术本身所固有的，而取决于人用技术来做什么。"[1] 对于智能时代的网络技术，技术中立论则延伸出了"网络空间意识形态熄灭论"的翻版论调，这种观念主张网络技术作为信息储存和分析的工具与现实空间存在脱节，而意识形态只有在现实社会中触及阶级与权力的领域才真正存在，因此网络技术与意识形态处于完全割裂的状态。不难看出，无论是技术中立论的传统论调还是翻版再现，这些观念在本质上都基于直观的现实经验，机械地将技术本身与技术的应用、技术的价值理性与工具理性割裂开来，忽视了意识形态对技术的影响以及技术的意识形态化转向。对于技术中立论观点，韦伯深刻地强调了技术理性与价值理性的关联，进而描绘了现代社会的合理化进程；胡塞尔指出了"科学的危机"，即科学真正的科学性被降低为实证科学的实用性，因而失去了追问人的生存

---

[1] Emmanul G. Mesthene, Technology Change: Its Impact on Man and Society, New York: New American Library, 1970, p.60.

价值和意义问题的能力，只有将科学还原到日常生活世界的起源之中才能真正解决科学的危机；海德格尔从"集置"概念出发理解技术的本质，指出现代技术为了解蔽自然而对应用对象采用各种摆置活动，因而现代技术已经不是人能够加以自主利用和驾驭的技术，而是反过来摆置人和物的强制力量，"使人以订制方式把现实当做持存物来解蔽"①。虽然这些观点思考和看待科学技术的视角存异，但都明确指向了科学技术对人们思想观念和生存方式的负面影响，即现代科学的技术理性正在裁剪人的生存世界并将构造出的客观世界视为唯一真实的世界，进而不同程度地揭破了技术中立的乌托邦论断。

自 20 世纪中叶起，法兰克福学派对技术问题给予了高度关注，针对传统技术中立论的观点展开了深刻的批判，并指出了科学技术意识形态化的路径。法兰克福学派的创始人之一霍克海默最先指认了科学技术等同于意识形态的判断。在对启蒙精神的批判中，霍克海默直接指出启蒙使得整个社会"变成了形而上学，变成了意识形态的帷幕，遮蔽的是现实的无可救药，对此，我们就不能袖手旁观了"②。启蒙理性的原初目的在于使人摆脱神话、蒙昧与恐惧，但是原本作为否定性思维的理性在追求人对自然绝对统治的知识形式的过程中，逐渐变成了主宰自然界的膨胀欲望下的工具理性，"理性自身已经成为万能经济机器的辅助工具。

---

① ［德］马丁·海德格尔：《演讲与论文集》，孙周兴译，生活·读书·新知三联书店 2005 年版，第 22 页。

② ［德］马克斯·霍克海默、西奥多阿道尔诺：《启蒙辩证法：哲学断片》，渠敬东、曹卫东译，上海人民出版社 2003 年版，第 5 页。

理性成了用于制造一切其他工具的工具一般，它最终实现了其充当纯粹目的的工具的夙愿"①。具体而言，理性成为了现代工业征服和利用自然界以达成经济发展的手段。在此意义上，启蒙理性成为了工业社会占统治地位的意识形态。虽然霍克海默没有直接阐述科技与意识形态的关联，但他对工具理性和文化工业的批判，实质上就是对科学技术意识形态的批判。

马尔库塞在马克思科学技术批判理论的基础上否定了技术中立论的价值观念，"面对这个社会的极权主义特征，技术中立性的传统概念不再能够维持。技术本身不能独立于对它的使用，这种技术社会是一个统治系统，这个系统在技术的概念和结构中已经起着作用"②。在马尔库塞看来，科学技术作为第一生产力，虽然促进了资本主义社会生产力的提升，但是它在介入资本主义政治体系运作的过程中已经不可避免地"成了脱离群众而使行政机关的暴行合法化的意识形态"③。具体而言，技术的意识形态化路径表现为：其一，资本主义制度试图用科学技术来证明自身的合理性，即试图以科学技术所创造的物质财富为例证，提升人们对资本主义制度的认同度。由此，科学技术就凭借其为资本统治合理性辩护的工具属性，确立了自身的绝对统治地位，而科学技术这种绝对的

---

① ［德］马克斯·霍克海默、西奥多·阿道尔诺：《启蒙辩证法：哲学断片》，渠敬东、曹卫东译，上海人民出版社 2003 年版，第 27 页。
② ［美］赫伯特·马尔库塞：《单向度的人——发达工业社会意识形态研究》，刘继译，上海译文出版社 2014 年版，第 7 页。
③ 同上书，第 9 页。

统治合理性就是一种意识形态。其二，技术理性在非政治的幻象下实现了对整个社会的机械化整合，而这种整合凭借科学化和合理化的标签消除了政治统治系统内的一切否定性因素，整个社会逐渐转变为单向度社会。其三，负荷意识形态功能的科学技术成为了一种控制社会的全新手段。这种控制形式表现为无孔不入的传播媒介、更具攻击性的工艺化武器以及科技对人爱欲本能的压抑。在此意义上，技术的意识形态功能就是统治的功能。总之，马尔库塞认为技术中立性只是统治阶级为实现阶级利益赋予技术的虚假特征，科学技术总是在一定的社会背景中产生和应用的，不可能完全从意识形态领域中脱离出来。

哈贝马斯顺沿着马尔库塞的批判思路，揭示出作为晚期资本主义社会第一生产力的科学技术实质上就是一种意识形态，一种掩盖资本矛盾并为资本主义合法性辩护的工具。随着科学技术无缝渗透到社会、政治、经济等各个领域并且成为资本现代性进程的关键要素，技术本身取得了合法的统治地位，成了理解一切问题的关键。与此同时，科学技术形成了一套系统的操作和运行规则，具备实现自身目的和统治的自主权。这致使人们被裹挟在科学技术之中并产生对它的盲目信仰，人的交往行为与理解世界的方式逐渐被技术理性所架空。值得注意的是，科学技术具有不同于传统意识形态的隐蔽性、中立性和难以抗拒性，"技术统治的意识同以往的一切意识形态相比较，'意识形态性较少'，因为它没有那种看不见的迷惑人的力量……比之旧的意识形态更加难以抗拒，范围更加广泛"①。此外，哈贝马斯指出科学技术的意识形态化直接导致了生活世界殖民化，即人的生活世界被工具理性侵占，现实的生活世界被目的合理性扭曲和物化。社会权力和制度限定了人们之间的交往行为，金钱和权力代替语言成为沟通媒介，本来应该通过语言沟通达成共识的整合方式变成报酬与惩罚的拙劣手段。哈贝马斯认为，要消解科学技术意识形态化引发的危机，就必须实现交往合理化，即建立依靠语言相互交流的交往规则，构建起实现工具理性和价值理性相统一的交往理性。"人的自我物化代替了人对社会生活世界所作的文化上既定的自我理解。"②

作为西方马克思主义法兰克福学派的直系子弟，芬伯格基于互联网时代网络技术的诞生和发展，对法兰克福学派传统的技术批判进路进行了重新阐释。芬伯格认为传统的技术理论可以划分为工具理论和实体理论：工具理论认为技术是价值中立的，技术与政治体系和社会系统并无关联，因而不负载任何的价值内容；技术实体论认为技术构建了一种具备自主性的文化体系，这种文化体系通过影响人的生活方式实现了对整个社会的控制。在芬伯格看来，无论是技术工具论还是技术实体论，它们在本质上都陷入了技术本质论和技术决定论。随着技术社会建构论的兴起，技术哲学发生了趋向建构主义的范式转变，技术的社会建构论强

---

① ［德］尤尔根·哈贝马斯：《作为"意识形态"的技术与科学》，李黎、郭官义译，学林出版社 1999 年版，第 9 页。
② 同上书，第 63 页。

调技术与社会之间的关联性，主张技术并不是先天存在和永恒不变的，技术在本质上是社会和文化建构的产物。在技术建构论的影响下，芬伯格对技术工具论和技术实体论展开了批判，认为技术既不是价值中立的存在物，也不是一种意识形态，技术本身已经变成了一种环境和生活方式，控制着权力基础的作用。具体而言，芬伯格反对本质主义将技术作为可以被定型的存在，认为技术只有在具体的形式中才能实现和存在。在此意义上，我们需要从技术发明家的日常实践及技术设计入手，探究技术内部蕴藏的文化因素，进而打开"技术黑箱"。与此同时，芬伯格还提出了技术民主化理论，主张让大众参与到科学技术的设计过程中，实现"可选择的现代性"，以打破现代社会技术专制统治的困境，让技术的发展服务于大多数人需要的满足。

法兰克福学派通过对工业资本主义社会统治阶级利用技术为其统治合法性辩护现象的批判，揭示了科学技术的意识形态化过程，提出了一条看待科学技术历史作用的反思路线。当前，智能技术的迭代式发展对各领域所造成的颠覆式影响正在不断挑战技术的意识形态批判范式，更新意识形态批判的内容，这就需要我们结合技术发展的现实境遇，分析智能技术意识形态化的逻辑路径。

二、智能技术的意识形态"本体化"逻辑

智能技术从意识形态载体向意识形态本体的跃升，在一定程度上与智能技术在现实应用过程中的实践功能转向密不可分，并内含了技术自主性与价值观念合流的意识形态属性生成逻辑。智能技术的意识形态化使其成为当前各行为主体竞相争夺的技术利器，并被赋予了现代社会的权利属性。

从工具理性来看，智能技术作为纯粹科技发明的产物，与其他所有的技术一样具有价值中立的属性。然而，智能技术一旦被应用于现实具体的生产方式之中，就必然作为社会建构的一部分而被赋予特定的社会属性，并在此过程中形成工具理性和价值理性的互动。其一，智能技术与特定的政治体系相勾连，变成了为统治阶级进行合理化辩护的技术工具，进而被赋予了支配性的意识形态。例如，在美国总统大选期间，共和党人特朗普就通过对脸书（Facebook）用户数据的算法分析来构建用户画像以分析他们的政治倾向，并在此基础上向用户精准推送带有特定偏向的政治广告，以此操纵选民的投票意向。其二，智能技术在数字社会的快速扩张和全面渗透使其成为多元化的思想文化、价值观念以及意识形态的传播和渗透工具。当前，智能技术尤其是智能算法成为了链接现实社会和数字社会的关键切口，现实社会在数字世界所镜像投射的各种价值观念都需要经过算法中介，并通过智能算法在用户之间快速传播和复制。可以说，智能技术已经成为了网络价值观念的聚集地和扩散器。其三，在智能时代，智能技术已经深刻地嵌入了社会历史的发展框架，成为了一种具有普遍性和客观性的存在，影响着人们认识理解世界的思维方式以及改造世界的行为模式。在此意义上，智能技术已经成为了一种意识形态性的存在，"当一事物成为一种普遍性、绝对性的理解人与世界及其关系的思维方式时，它实际上就具有了'意识形态'的性质"①。总之，智能技术在现实应用的过程中与意识形态产生了联结，改变了意识形态生产、传播和分发的模式，与此同时，智能技术自身也出现了意识形态化趋向。此外，智能技术意识形态属性的生成在一定程度上与技术自身的禀赋有关，因此我们仍需要从技术内部出发追问算法技术与意识形态的耦合机理。

算法技术意识形态属性的生成逻辑表现为技术特性与技术内嵌的价值相互耦合的过程。从机器技术的本质与变革来看，传统的机械技术只是在人体力的对象化基础上延长了人的劳动能力，因而只能程序地和单一地执行人的固定指令，无法对人们在实践过程中构建的复杂多元状况进行独立的逻辑推理和因果分析，因而不具备任何的自主性。相较之下，算法技术作为人"一般智力"的对象化产物，能通过对大数据的自动化感知和高精度处理来模拟人的视觉、听觉、语言、行为甚至是人的逻辑思维，进而产生自主性和主体性。近年来，随着大数据的井喷式增加以及神经网络模型的学习算法的发展，算法技术已经不再局限于对人类知识的简单复制，而是主动从数据中学习并且根据数据处理的现实经验对所定义的学习结构进行调整和完善。基于这种思路，智能算法"已经不再是人的附庸，它将和人类在平等的起跑线上汲取和总结知识，因而可能创造出比人类更巧妙的方法、生成比人类更高效的决策、探索人类从未发现过的知识空间"②。今天，算法技术在智能逻辑和自主学习

① 孙正聿：《马克思主义基础理论研究》，北京师范大学出版社 2011 年版，第 850 页。
② 王东、利节、许莎：《人工智能》，清华大学出版社 2019 年版，第 47 页。

维度已经具备了前所未有的类人性和主体性，但是算法技术所形成的"'主体性'是功能性的模仿而非基于有意识的能动性（agency）、自我意识与自由意志，故应称之为拟主体性"。[①] 这种拟主体性能够使算法技术在认知和行为上与人实现一定程度的互动，从而具有影响人观念和意识的可能性。也就是说，虽然算法无法基于自主意识对人产生影响，但是人却可以对算法所驱动的行为赋予价值和意义，同时，算法也能够作为意识和价值载体与人进行思维和认知层面的交互。值得进一步讨论的是：算法技术对人意识的可能性影响是如何实现的？如果目前人工智能无法自发产生意识并以此影响使用者，那么人所受到的意识影响究竟源于何处？

需要明确的是，人工智能算法技术对意识的影响来源于复杂的人技关系所内嵌的多主体价值观念。目前，人工智能仍无法算法化人类全部的思维和认知能力，也不能兼容人类生成自我意识的独特机理，无法独立施加意识层面的影响。因此，只有把人工智能置于其与人所构建的关系网络之中，才能把握智能算法内嵌的价值观念对意识的作用。由于传统机器技术的局限性，机器只能以工具这种客体形式参与构建简单的人机二元关系。然而，算法技术设计、开发和应用的复杂性决定了这是一个多主体共同参与的过程。与此同时，算法技术产生的类人特性以及对人劳动能力的超越，使人工智能逐渐成为部分劳动过程的主体，从而变

[①] 段伟文:《人工智能时代的价值审度与伦理调适》,《中国人民大学学报》2017 年第 6 期。

革了传统机器的主客体关系。在此意义上,算法技术消解了传统机器的人技关系,在现实运作过程中逐步形成了由算法技术的控制者、算法开发者、算法技术的目标用户共同构成的复合关系。正因如此,算法技术成为了一个掺杂多重主体价值观念的产物,就像克里斯托弗·梅所强调的,技术不可避免地"内嵌特殊规则"①。这种价值内嵌的过程表现为:其一,算法开发者在研发算法的过程中将自己的价值偏好和思维观念投射到编码系统上,从而导致算法有意或无意地夹杂着设计者的意志;其二,算法技术的介入为用户提供了个性化的信息分发方式,这种以用户的价值需求为导向的过滤、筛选与推送信息的方式将不可避免地造成信息的偏向,由此导致信息茧房效应;其三,算法被少数数字公司操控甚至垄断,致使算法技术的应用捆绑着控制者的资本追求以及特殊利益。由于算法技术本身的不透明性,其所负荷的价值倾向往往隐藏在每行代码、每个界面和每条信息中,难以被使用者察觉。同时,从算法技术所构建的社会关系来看,算法的使用者和算法的控制者与开发者所具有的数字权利是不对等的,即算法的使用者由于让渡了部分算法权利而不得不受到算法的规训与压制,而算法的研发者与控制者则处于不受算法操控的状态。因此,算法技术的使用者在一定程度上被迫承受着算法负荷的支配性价值观念的影响。

智能技术的意识形态化使其成为利益集团和统治阶级竞相争夺的重

① [英]安德鲁·查德威克:《互联网政治学:国家、公民与新传播技术》,任孟山译,华夏出版社 2010 年版,第 28 页。

要利器。智能技术与意识形态的异质同构决定了技术优势就意味着话语权优势，谁率先抢占智能技术发展的制高点，谁就能够占据国际话语权的主导地位。其一，占据智能技术优势是掌握国际技术标准和技术规则制定话语权的基础。近几年来，大量创新的智能技术都掌握在西方资本主义国家手中，它们凭借核心技术的绝对特权向其他国家强加技术规范，而处于技术链底层的国家则不得不受大量非公正规则的制约。观察当前人工智能的技术规则可以发现，核心算法模型、软件工程、大数据集都建立在少数发达国家主导的技术规则上，因而要步入智能领域的后发国家只能接受不合理甚至与本国利益相悖的规则的全面限制。据此，要在意识形态的博弈中突出重围就必须在智能技术创新的基础上提升技术标准制定的话语权。其二，掌握核心智能技术能够率先开辟意识形态博弈空间。智能技术能够借助智能程序、智能算法、智能终端、物联网等渠道，为意识形态斗争赋能，甚至强制开辟多元多域和多层多级的意识形态博弈的虚拟场域空间。核心技术的掌控者在垄断技术操作权限的基础上，能够灵活切换和调整意识形态博弈空间的具体情况，优先选择意识形态的技术斗争方式，进而把握意识形态交锋碰撞的主动权以形成对博弈对象的精准打击。例如，持续已经一年多的俄乌冲突不仅仅是一场军事冲突，也是智能化混合战场上的意识形态冲突，意识形态宣传与灌输、价值观与文化的渗透也是这场冲突的关键部分，而这种意识形态斗争正是通过智能技术实现的。其三，掌握核心智能技术意味着掌握影响国际舆论走向、趋势与评价的权力。智能技术与意识形态的相互耦合使得智能技术成为影响国际舆论的重要变量，即智能技术能够通过信息呈现、复制、扩散与屏蔽等方式控制用户所接收的信息内容，并在监视和测算用户情感、心理与思想态势的基础上对其进行"滴灌式"传播与影响，进而隐蔽地操控大众对国际社会某一具体议题与事件的看法与评价。有鉴于此，当前世界各国都十分倚重智能技术来扩大本国意识形态的覆盖范围，实现外界对自身的价值观认同。例如，引领智能浪潮的美国就意图利用智能技术宣扬资本主义经济繁荣、科技进步、自由民主的表象，营造普世价值的氛围。其四，智能技术的应用为意识形态的建设提供了诸多便利。智能技术的应用使得意识形态的传播超越了时空的限制，实现了数字社会范围内的自由传播。与此同时，智能技术通过对图像、视频和文字的系统整合，使得意识形态的呈现形式更加多元化。正因如此，当前各国纷纷从人工智能的基础研究角度出发研究算法，通过相关军事机构、科研院所的牵头和保障，形成了各具特色的算法战研究体系。

第二节　思想观念的智能驱动

智能技术在社会应用尤其是与政治体系和各种价值观念相接触的过程中逐渐形成了各种意识形态属性，这意味着运用智能技术不仅仅是人与技术在功能维度的简单交互，而且还是使用者受各种意识形态等思想观念渗透甚至操控的过程。从智能技术与思想观念的内在关联来看，智能技术在实现自身意识形态属性变革的同时，也在不断深化它在思想观念领域的渗透和扩张，推进思想观念的智能化和数字化演进。这种转变在根本上与智能技术发展的逻辑递归、智能技术在社会建构中的中介作用，以及思想观念建设的技术需求存在关联。与此同时，思想观念的智能化驱动也推动了意识形态话语范式、传播范式、治理范式的现代化发展。

一、智能技术的核心与技术逻辑

智能技术本质上是对人类智能的模拟、延伸和拓展，因此在展开对智能技术的讨论之前，需要先回答一个至关重要的问题即"什么是人类智能"。实际上，人脑的复杂结构及其特有的智能属性对于大众而言仍是有待解蔽的黑箱，人类智能的形成过程至今还是认知科学领域的未解之谜。自 20 世纪 50 年代认知科学革命发生以来，认知心理学进入了对认知和智力等大脑功能的研究热潮，从目前学术界对"智能"的研究文献来看，人类"智能"的层次和特征等定位仍然存在着各种假说与争议，比较具有代表性与权威性的假说将智能划分为五个层级，"神经层级的心智、心理层级的心智、语言层级的心智、思维层级的心智和文化层级的心智"[①]，这些不同层级的心智直观表现为人类的逻辑推理能力、想象力、创造力、语言和学习的能力等，正是这种智能综合能力支撑着人类不断认识并改造世界，并在自然界和社会中挺立自身的主体地位。在此意义上，智能技术就是借助计算机技术、神经科学技术、控制论技术、自动化技术等信息技术群，让人造物或者相关虚拟系统模拟人

---

① 蔡曙山、薛小迪：《人工智能与人类智能——从认知科学五个层级的理论看人机大战》，《北京大学学报（哲学社会科学版）》2016 年第 4 期。

类的智能层级，使其具备与人类相近的思维和行为能力。与此同时，第二代认知科学强调从计算性的"离身认知"向情境性的"具身认知"的转变，"第二代认知科学的基本立场是抛弃计算隐喻，尤其抛弃'应当'计算机程序化的刚性诉求"①，只有这样才能真正回归和理解心智。在此基础上，认知科学主张并非所有的思维活动都能够表现为意识层面的可计算性符号，因而人工智能在如何模拟和复制人类智能的情感等经验性主观感受层面仍然有很长的一段路要走。

自 1936 年英国科学家图灵在他的论文《论可计算数及其在判定问题上的应用》中提出图灵机以来，机器可以具备人类逻辑思维的革命性设想开始冲击并推动着人类对智能技术的探索。1956 年，计算机、数学、神经学、心理学等领域的专家汇集在达特茅斯学院，系统探讨了"如何让机器具备人类智能"的问题，这次会议正式标志着人工智能走上历史舞台。此后半个世纪以来，智能技术得到了突飞猛进的发展，一次又一次的智能浪潮不断颠覆着人类对类人智能的认知极限。审视智能技术的发展趋势可以发现，无论技术的运作逻辑发生了何等程度的变革与演进，其始终围绕着提升自主性和能动性的主轴更新迭代。从图灵机到 ChatGPT，智能技术走的是一条与知识的复制与迁移完全相反的道路，即将着力点聚焦于强化自主学习能力以摆脱对人类协助的依赖。当前，大型语言生成模型 ChatGPT 依托核心技术 RLHF（基于人类反馈的强化

① 李其维：《"认知革命"与"第二代认知科学"刍议》，《心理学报》2008 年第 12 期。

学习）与大规模的训练参数，在智能技术自主性层面达到了前所未有的高度。具体而言，ChatGPT不仅能够精准地搜索用户的目标信息，还能在问题导向下从海量的、杂乱的、零散的信息中自主生成创造性答案，甚至能够根据用户的态度与情感倾向主动承认错误并优化答案。最重要的是，ChatGPT不是封闭与停滞的，而是在与用户交互的过程中不断进步与强化，每一次与用户的语言沟通都能扩充和丰富ChatGPT的语料库与数据库，使其能够永无止境地完善自身的学习结构。它的强自主学习能力、大信息容量以及精确的自然语言能力使其具备了部分人类智能，并让人看到了实现通用人工智能的希望，届时人工智能似乎将在逻辑推理能力、信息处理能力与创造性等维度全面超越人类智能，并极有可能具备自我意识、自由意志以及情感等人类自诩不可突破的"最后防线"。

从核心技术及其运行逻辑上看，支撑AlphaGo与ChatGPT这类高级类人智能运转的技术地基都在于机器学习与大数据分析的联合（见图2-1）。1959年，亚瑟·塞缪尔创造性地将机器学习这一重要概念引入人工智能领域，他指出机器学习就是"让计算机拥有自主学习的能力，而无需对其进行事无巨细的编程"的方法，并试图运用机器学习独立解决现实问题。自20世纪60年代以来，机器学习经历了如表2-1所示的模糊逻辑、进化策略、卷积神经网络、循环神经网络以及深度学习等多重阶段。其中，神经网络模型的引入使得机器学习的整体结构更加灵活，对知识系统的依赖性也越来越低。在此基础上，通过机器学习与大数据分析的深度联合来获取后天经验并从中建构知识体系，成为了机器学习发展的主流方向。这种联合的必要性表现为机器学习算法与大数据在结构性功能上的相互弥合。具体而言,自人类进入大数据时代以来,足量的、高质量的、完整的大数据一直都是智能技术发展的基础,因而大数据常常被视为智能时代的新石油。然而,只有借助机器学习算法对大数据的深度挖掘、分析与处理,数据的潜在价值才能被最大程度地发挥出来,原本互不关联的数据才能被赋予外在的意义,进而转化为可以直接利用的信息。可以说,机器学习的根本任务就是通过对大量数据的自动分析来获得数据的特征与规律,并利用这种规律对未知数据进行预测,以最终模仿人类的学习能力并获得相应的知识。喂养的数据越多、计算能力越强,那么机器学习产生的效果就越好。基于这种技术逻辑,智能技术已经彻底摆脱了传统算法对具体程序规范的依赖性,即技术研发者只需要给机器定义一个灵活的学习结构,机器就能够根据运作过程中积累的经验,反过来对所定义的学习结构进行完善和改进。例如,当ChatGPT 的多模态升级成果 GPT-4 所具备的顶级运作模式和特征就不是通过目的明确的编程获得的,而是模型在大量多模态数据(文本、图像、音频和视频等)中自然而然地自主学习到的。

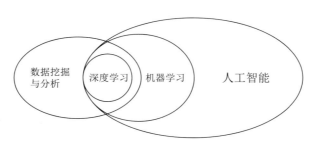

图 2-1　机器学习与大数据分析的关系

表 2-1　机器学习的发展历程

机器学习阶段	年份	主要成果
人工智能起源	1936	自动机模型理论
	1943	MP 模型
	1950	逻辑主义
	1951	符号演算
	1956	人工智能
人工智能初期	1958	LISP
	1962	感知器收敛理论
	1972	通用问题求解
	1975	框架知识表示
进化计算	1965	进化策略
	1975	遗传算法
	1992	基因计算
专家系统和知识工程	1965	模糊逻辑、模糊集
	1969	DENDRA、MYCIN
	1979	ROSPECTOR
神经网络	1982	Hopfield 网络
	1982	自组织网络
	1986	BP 算法
	1989	卷积神经网络
	1997	循环神经网络 RNN
	1998	LeNet
分类算法	1986	决策树 ID3 算法
	1988	Boosting 算法
	1993	C4.5 算法
	1995	AdaBoost 算法
	1995	支持向量机
	2001	随机森林
深度学习	2006	深度信念网络
	2012	谷歌大脑
	2014	生成对抗网络 GAN

深度学习作为机器学习的重要分支，是推动当前智能技术发展的关键驱动力。基于上述分析可知，20 世纪 80 年代神经网络模型的介入彻底改变了机器学习的发展路向，深度学习正是这种技术变革催生的重要产物。然而，由于计算机算力的限制，深度学习一直没有得到系统的开发与推进，GPU、大型数据集的可用性与开源软件平台的演进让深度学习重新在智能技术领域得到重视。就其本质而言，深度学习是指一类对具有深层结构的神经网络进行有效训练的方法，能够"通过学习一种深层非线性网络结构，实现复杂函数逼近，表征输入数据分布式表示，并展现了强大的从少数样本集中学习数据集本质特征的能力"[①]。深度学习的强大效能与其对人脑神经网络的技术复现紧密相关，脑神经科学的大量研究表明，人脑大致包含 10^{11} 个神经细胞及 10^{15} 个神经突触，这些神经细胞和神经突出构成了人类所有智能活动的根本性条件。深度学习正是通过模拟人脑神经突触网络建立深度神经网络、卷积神经网络与循环神经网络等人工神经模型，在输入层输入数据的基础上完成从底层到高层的语义提取，进而让神经网络完成对复杂数据的处理并主动从数据中学习规律，最终在数据训练的过程中不断调整学习结构的参数。喂养的数据与建构的计算越多，深度学习的效度和精度就越高，比如有 1750 亿参数的 GPT-3 大模型（但相比人脑中的神经元突触而言仍是一个小数目）相比只有 15 亿参数的 GPT-2 而言就取得了显著的提升。必

---

① Bengio Y., Delalleau O. On the expressive power of deep architectures/Proc of the 14th International Conference on Discovery Science. Berlin: Springer-Verlag, 2011: 18—36.

须承认的是，深度学习已经在信息储存与分析、逻辑推理、自主学习等方面超越了人类智能，具备高度的类人性与自主性。目前，深度学习被广泛应用于语音识别、图像识别与自然语言处理等其他技术层之中，并嵌入医疗、教学、自动驾驶等多重领域之中，成为推动智能浪潮的关键技术。

当前，深度学习的热门应用领域之一就是算法推荐。近年来，互联网技术的日益成熟使得网络信息呈现出几何级爆炸增长的态势，网络用户每时每刻都能接触到来自全世界的内容繁杂的信息。这种信息环境使得用户易于迷失在海量冗余的信息之中，并在一定程度上降低了信息搜索与获取的效率。虽然搜索引擎能够解决此类信息过载的问题，但是它仍然需要用户主动提炼出信息的核心关键词并自行选择搜索结果，且信息搜寻的精确性仍然有待提高。基于"人找信息"的弊端，以"信息找人"为导向的算法推荐系统逐渐出现在用户的视野之中。算法推荐系统能够根据用户的基本信息、浏览记录、社交网络信息等大数据痕迹，运用算法对使用者进行个性化计算并建立"用户画像"，判定用户的价值与兴趣偏好，并以此为导向为用户投送与推荐相关信息，最终达到"千人千面"的个性化信息匹配效果并构建用户所处的拟态环境。算法推荐技术的协同运用使得今天的推荐系统仅仅凭借用户零散的、片断的、碎片的行为属性就能够揣测与推断用户的意图与动机。相较于传统的信息分发方式，算法推荐凭借对用户需求与信息供给的精准与高效匹配，成为了当前各大社交网络平台主流的信息分发手段，越来越多的平台不断加大对算法推荐的开发与运用力度。

二、思想观念智能化演变的内在机理

智能技术作为一种高度复杂而应用广泛的技术，正在特定的技术框架内迅速实现对社会各领域的嵌入与延伸。在思想观念领域，智能技术正深度辐射至思想观念的生产、传播、呈现和反馈等各环节，演化成为影响思想观念建设与治理的主要技术规则与底层技术架构。美国曾在《美国外交政策》上公开表示要借用互联网技术为美国式思想观念输出强制开路，强调要通过发展信息技术与控制信息流让普世价值得到世界的支持和尊重，其他国家也被相应卷入了智能技术空间的思想观念博弈之中。可见，智能技术已经形成了与思想观念的结构性交互，思想观念建设已然离不开智能技术的关键支撑，并在与智能技术互动的过程中完成了智能化转变。

这种转变的生发机理在根本上与智能技术在社会整体中的权力中介功能密切相关。从智能技术自身来看，智能技术与资本的高度结合催生智能技术介入并触动意识形态的权力属性。智能技术不仅仅是一系列数字、符号和编码的抽象表征，作为一项需要投入大规模的人力物力成本且形成高度分工合作体系的技术，它在现实的运作过程中离不开资本的深度支撑。与此同时，智能技术也被嵌入资本的生产和交换过程，成为资本运行体系的重要部分，并且提高了资本的有机构成。可以说，智能技术已然成为智能时代资本增殖最高效的驱动力，成为积累财富与攫取利润的重要手段。资本与智能技术的深度联合引发了资本的智能化与智能技术的资本化，智能技术正是在此基础上被资本赋予了权力属性与中介功能。智能技术与资本、权力的融合互构，使它得以快速嵌入并重构社会的各个领域，成为链接智能系统与现实社会的关键中介，迫使技术的应用领域接受智能技术的规训与操控。"信息网络以一种前所未有的方式与规模渗透到资本主义经济文化的方方面面，成为资本主义发展不可或缺的动力与工具"①，尼葛洛庞蒂所指认的"数字化生存"已然成为改变每个人生存境遇的现实。资本对民众思想观念的管控与治理需求使思想观念也被纳入了智能技术权力的操控范围内，全景敞视的智能技术摆脱时空限制并实现了对全体社会成员思想和行为样态的普遍监视，不仅把控着思想观念内容的可视性，控制着思想观念信息的实际供应，还操纵着思想观念的生产主体。与此同时，随着深度学习技术层的重大突破以及算法推荐应用层的广泛嵌入，智能技术为思想观念建设和治理提供了诸多便捷，智能技术发展的逻辑递归使得思想观念越来越依赖于技术的作用。

思想观念的智能化转变内含思想观念自身的智能化发展需求。从思想观念的发展需求来看，思想观念的数字化转型势在必行。其一，思想观念是奠基在特定生产力基础上的思想体系，在根本上与特定的生产力相适应，并受到特定时代的条件限制。智能技术作为智能时代第一生产力的组成部分，成为了思想观念建设和治理的关键驱动力，为思想观念的智慧生产、立体传播、精准分发提供了技术保障，构建了思想观念的

① ［美］丹·席勒:《数字资本主义》，杨立平译，江西人民出版社 2001 年版，第 5 页。

智能化实践图景。当前，智能技术自身的更新迭代与深刻变革也在一定程度上决定了思想观念的发展变化。以智能算法为例，算法推荐个性化和科学化的内容推送机制有助于建立信息"推荐池"，推动思想观念领域摆脱传统的单向传播方式，提升思想观念的传播与互动张力。其二，智能化转型是思想观念创新发展的内在诉求。在智能时代，思想观念的环境和形势都发生了巨大变化，如果思想观念始终处于停滞状态，将无法发挥自身的导向、凝聚和辩护的关键效能。因此，处于智能技术变革浪潮中的思想观念只有谋求内容、话语、过程、范式维度的技术革新，才能充分提升与释放自身建设与治理的内在潜能，实现与时俱进与创新发展。智能技术以大数据、算力、算法为核心逻辑，能够精准把握人们的思想行为变化以及对思想观念的具体需求，为思想观念建设提供了重要支撑。其三，核心技术控制者的价值操控加快了思想观念智能化的节奏。当前，掌控核心智能技术的利益集团正借助技术优势加快思想观念渗透，在智能技术空间大肆宣扬服务于自身统治利益的思想观念，精准分发误导性和虚假性的政治信息，隐蔽投放经由娱乐化和感官化形式伪装的意识形态符号，掀起智能空间纷繁复杂、态势激烈的意识形态博弈与斗争浪潮。这种思想观念挑战促使其他利益集团与统治阶级不得不加快思想观念的智能化转型，借助人工智能、互联网、物联网等技术抢夺智能空间的主动权，以保障智能时代的意识形态安全性问题。

智能技术在思想观念领域的深度扩张使得思想观念被纳入技术的框架之中，受到智能技术结构与规则的限制与重构。其一，智能技术控制着思想观念的传播度与可见性。智能技术是链接思想观念与技术用户的数字中介，构建起大众与思想观念的新型关系，隐含着操控意识形态话语能见性、可见性的权力属性。具体而言，智能技术在"注意力经济"与技术控制者利益的影响与驱动下，通过信息的筛选、分类与过滤，控制着技术使用者思想观念接收内容的可视范围。与此同时，为了增强用户黏性、加快引流速度，智能技术往往倾向于向用户投送与其兴趣相契合的碎片化、娱乐化、消费化内容，过度迎合使用者的内容消费偏好，挤压意识形态话语的传播空间。在智能时代，智能技术逐渐成为人们看待问题、理解世界、接触意识形态话语的重要窗口，虽然人看似能够在这个窗口进行个性化和自由化选择，但这实际上已经隐含了智能技术对思想观念和信息选择的控制。其二，智能技术重构思想观念的传播形式。智能技术嵌入思想观念领域后形成的最显著的变化之一就是对思想观念传播体系的重构。AR、VR、元宇宙等智媒技术与思想观念展开跨维度耦合，逐渐成为智能时代思想观念传播的新型渠道。不可否认，智能传播系统颠覆了传统传播渠道、提升了思想观念的传播效果，通过构建多元立体的场景化传播场域，呈现出多主体协同参与、多维度实时互动、多重需求全面满足的特征。然而，智能技术碎片化、片断式的呈现形式不可避免地对思想观念的整体性、延续性、逻辑性结构造成影响与破坏。同时，智能技术的信息传播基本限定在特定网络社交圈层之中，易于造成价值观念的固化以及与主流意识形态的隔阂。其三，智能技术操纵思想观念的生产和消费主体。智能技术不仅在嵌入思想观念的过程中改变了它的内容和传播方式，更为重要的是，它还影响甚至控制着思想观念主体的情感和心理结构。一方面，智能技术为了把主体纳入智能系统并对其进行算法与数据分析，将所有进入思想观念的现实与鲜活的主体抽象化、数字化与结构化为能够用数据表征的符号，使主体被整合为扁平的智能网络系统中的抽象节点。另一方面，智能技术将量化意识、碎片化和符号化的思想方式移植到思想观念主体的潜意识之中，使得主体在无意识中接受智能技术的规训。

相较于传统的"意识形态钢架"，智能技术在思想观念领域的扩张与运作方式呈现出隐蔽性、不透明性与柔性的特点。其一，智能时代，智能技术已经广泛嵌入人的现实生活之中，弥散并渗透于大众各维度的社会实践中。作为一种全面应用但存在隐蔽的技术，智能技术正是以循序渐进的方式，从非政治化的、隐性的、微观的大众社会意识延伸到政治化的、显性的、宏观的意识形态领域之中，并在此过程中逐渐提升技术本身与意识形态的融合度。同样，智能技术对思想观念的重构同样呈现出隐蔽性的特征。例如，传统意识形态宏大严肃的话语叙事正是在智能技术弥散式的运作过程中实现向微观短小的转变。这种隐蔽特性使得智能技术与思想观念之间的内在关联性常常被遮蔽在技术虚幻的客观属性背后，难以被大众察觉。其二，智能技术的内在运作过程是一个难以被观测和解密的技术黑箱，即使是智能领域的专家也不能完全把握技术输入端与输出端之间的代码运行过程。以当前的生成式人工智能浪潮为例，即使是 GPT 技术的研发者与控制者也不了解学习结构内部的实际运作过程，而只能通过观察 GPT 的输出结果来反推其内部的程序机制。智能技术黑箱直接遮蔽了技术在意识形态领域的渗透和扩张的内在逻辑，即智能技术在意识形态层面的运作过程被掩盖在不透明的代码、界面和系统之中，难以被技术解蔽。其三，智能技术作为一种新型的技术力量，能够凭借图像化、拟态化和情景化的方式，以更柔性与精巧的方式嵌入到思想观念领域之中。借助这种柔性的渗透方式，智能技术能够巧妙地控制受众的情感态度等非理性部分，有效缝合受众的思想观念与国家意志。此外，智能技术的影响范围更广、扩散速度更快、控制程度更深，能够以隐蔽的方式嵌入思想观念的结构深处，重构思想观念的多重维度。例如，抖音等短视频平台通过对人心理、情感与欲望的深度控制，跃升成为思想观念包装与宣传的重要工具。

三、基于智能技术的观念范式变革

智能技术在大数据、算法、人工智能、AR、区块链、物联网等技术的联合加持下，达成了对因果关系的逻辑推理、对复杂信息的精准处理以及对外界刺激的自主反应，因而成为了当前赋能意识形态的关键技术，为意识形态建设带来了全新的战略机遇。在智能技术的依托下，意识形态的治理范式、话语范式与内容范式都实现了高质量变革，从而更好地推动意识形态范式的智能化转向。

首先，智能技术推动思想观念范式的智能化。传统的思想观念内容生产主要"以传者为中心"，忽视了受众的内容需求与价值偏好，不易于被大众所普遍理解和自觉认可，思想观念内容的供给与消费存在一定失衡。与此同时，传统意识形态难以实时监测舆论情况，无法灵活调整意识形态内容，进而规避思想观念风险。此外，由于欠缺有效的内容反馈和效果评估渠道，传统的思想观念内容往往无法及时根据受众的要求调整和优化思想观念内容。

　　智能技术的去中心化结构、交互式特性以及共享式属性在一定程度上消解了思想观念内容所存在的上述问题，促进了思想观念内容范式的智能化与智慧化转型。其一，智能技术推动思想观念内容生产与消费的动态平衡。马克思在对生产与消费关系的辩证解读中指出，生产"生产出消费的对象，消费的方式，消费的动力"①，网络空间的思想观念生产与消费亦是如此。智能技术以用户需求为本位，能够通过对用户浏览、点击、转发、收藏和点赞数据的记录与分析，精确地把握用户兴趣偏好的全景特征，进而在用户的专属推荐池中控制思想观念内容的可视度，即增加与其兴趣偏好相契合的内容，屏蔽与其兴趣相悖的信息。这种内容生产与分发模式极大地迎合了用户的内容需求，因而能够在根本上调动用户对思想观念内容的消费积极性与主动性，推动意识形态内容供给与消费的动态平衡，增强意识形态的用户黏性。其二，智能技术强化思想观念内容供给的针对性与灵活性。面对国内国际范围内复杂多变、交锋激烈、隐蔽繁杂的智能思想观念生态，必须加强思想观念内容供给的针对性与灵活性，及时对可能出现的思想观念风险进行规避与防御。智

---

① 《马克思恩格斯全集》第 30 卷，人民出版社 1995 年版，第 33—34 页。

能技术能够通过对话题热度、网络舆情、流量分布的实时监测，研判虚拟空间的思想观念风险，进而推动思想观念领域提供防御性与反击性的内容供给，防止思想观念风险的升级演变。其三，智能技术有助于建立思想观念内容反馈的高效机制。内容生产是一个动态过程，需要根据用户的反馈不断更新与优化。智能技术不仅创造了评论、弹幕、点赞等实时反馈与互动的拟态环境，还能通过大数据抓取技术高效分析思想观念的内容生产效果，进而及时调整思想观念生产内容。

其次，智能技术推动意识形态话语范式的智能化。从传统意识形态话语范式的现实状况来看，意识形态话语范式的问题主要表现为以下方面：传统的意识形态话语主要以上位者的单向传播为主，虽然这种话语方式能够在总体上把握议题设置的话语权，但在根本上与用户个性化的话语需求并不匹配；传统意识形态话语的叙事方式与生活实际存在割裂，难为受众所认同与接受；传统意识形态话语传播受限于特定的时空场域且无法立足受众视角实现精准传播。

智能技术在意识形态领域的深刻嵌入为赋能意识形态话语范式变革提供了强大动力，这种赋能主要表现在话语主体、话语叙事和话语传播三个方面。其一，从话语主体来看，智能技术在社会领域的广泛嵌入使得意识形态话语主体极大扩张。智能时代，网络虚拟空间的全域覆盖在一定程度上改变了由政党和国家等上位者借助传统传播媒介单向主导意识形态话语的基本样态，为社会公众提供了双向交互、即时表达、全网共享的话语传播空间。在智能技术所创造的话语空间中，不同社会身份、文化素养和现实需求的主体广泛参与到意识形态话语构建过程中。据第 51 次《中国互联网络发展状况统计报告》显示，截至 2022 年 12 月，我国网民规模达 10.67 亿，较 2021 年 12 月增长 3549 万，互联网普及率达 75.6%。由此可见，传统的政府一元主导模式被打破，意识形态话语的主体结构呈现出多元化特点。其二，从话语叙事来看，智能技术使得意识形态话语叙事生活化、轻松化和趣味化。传统的意识形态话语多呈现出严肃性、崇高性和抽象性，公众的接受度和认同度相对较低。在智能技术的依托下，意识形态话语不仅能够通过图像、音频、视频共创共建的数字媒体进行感官化、趣味化和娱乐化叙事，还能立足公众角度，尊重受众的意识形态话语兴趣并且及时回应网民关切，进而提升意识形态的话语魅力与公众的黏合度。其三，从话语空间来看，智能技术的嵌入拓宽了意识形态的话语空间。传统的意识形态话语空间主要以现实世界为主，智能技术的更新迭代一方面为意识形态话语提供了更加智能、便捷和高效的传播媒介与传播平台，另一方面也在不断开辟网络虚拟空间的过程中拓宽了意识形态的话语空间。基于智能技术所搭建的话语空间不仅在时间和空间上具有广延性，而且能够实现世界信息内容的互联互动，降低了话语生产与传播的成本与门槛。

再次，智能技术实现思想观念传播范式的智能化。受报纸、广播、电视等传统传播媒介自身的固定性与机械性的影响，智能技术的思想观念传播范式总体上呈现出传播的时空局限性强、传播精度较低、传播效果不佳等问题。智能技术从技术的底层逻辑架构与运行规则上重构了思想观念的传播媒介，摒弃了传统信息传播的固有问题，使得思想观念传播的效度、精度和力度出现了前所未有的提升，进而成为了当前思想观念传播的重要驱动力。其一，智能技术消解了传统思想观念传播的时空局限性。传统的思想观念传播受到传播媒介的限制，往往局限于固定的传播场域，不仅传播空间相对封闭、传播时间难以延续，且易于出现信息孤岛问题。智能技术搭建了微博、知乎、B 站、豆瓣、抖音、公众号等数字矩阵，链接了世界各地的网络技术用户，为大众提供了实时发声、全域共享以及双向互动的传播机遇，因而打破了传统思想观念传播的时空桎梏，推动思想观念形成突破时空场域的世界传播共同体，并导向了"全民麦克风时代"。其二，智能技术使得思想观念传播更加个性化和精准化。在算法推荐等数字技术的加持下，思想观念传播能够根据用户生成的众多数据痕迹建立起精准的"用户画像"，并以此精准定位用户的价值和兴趣偏好。由此，不仅实现思想观念内容供给与用户个性需求的高效匹配，还有助于增强传播平台的用户黏度。在面对突发的公共事件之时，算法推荐能够有效屏蔽和祛除与真相相悖的虚假信息，及时向用户推送有助于维护正常舆论秩序的相关信息。其三，智能技术推动思想观念传播沉浸化与立体化。近年来，智能技术对人类语言、声音、视觉以及思维逻辑的模仿越来越深入，VR、AR、虚拟设备等技术产物日益被大众所熟知与运用。智能技术的突飞猛进使得各种传播场景更加真实化、智能语言交流更加自然化、逻辑思维互动更加类人化，这种演变为思想观念打造了更加沉浸化的传播空间。与此同时，音频、视频、图像互融共创的数字生态系统也打破了传统传播媒介的二位呈现方式，为用户营造了视觉、听觉、触觉相统一的传播体验，使得思想观念传播更加立体化。当前，智能技术已经被广泛运用于思想观念传播领域。例如，2019年人民日报社与百度联合成立"人工智能媒体实验室"，运用语音、图像、自然语言处理技术为人民日报社打造智能化的"编辑团队"；2023年全国两会运用AIGC进行会议报道，通过数字虚拟主持人展开时政问题的短视频播报；2023年数字科技公司与官方媒体共同打造红色元宇宙智慧党建工作站产品，如运用VR解读二十大、VR战役、党建读物、教学模式。

最后，智能技术实现了思想观念治理范式的智能化。在智能技术广泛嵌入思想观念领域之前，思想观念治理主要依赖人为的管理与控制。受人力自身局限性的影响，传统的思想观念治理范式往往面临着效度与精度难题，不仅易于陷入无法精准把握社会舆情变化、有效应对突发性难题的困境，还难以推测与预防可能发生的思想观念问题。这些问题高度限制了思想观念治理的高效性与灵活性。习近平总书记在党的十九届四中全会上指出："重视运用人工智能、互联网、大数据等现代信息技术手段提升治理能力和治理现代化水平。"[①]智能技术的高速发展与广泛应用为思想观念治理范式的升级提供了技术支撑，具体而言：其一，智能技术为思想观念治理提供数据支撑。大数据技术能够从海量杂乱的原

---

① 习近平：《中共中央关于坚持和完善中国特色社会主义制度　推进国家治理体系和治理能力现代化若干重大问题的决定的说明》，《人民日报》2019年11月6日。

始数据中精确快速找到数据与数据之间的相关性，通过数据关联框架的建构赋予元数据新的意义，并在此基础上精准构建起用户画像，进而判断使用者的情感、态度和心理倾向。在此意义上，大数据技术一方面能够为思想观念治理提供客观数据，避免主观判断所导致的随意性与偶然性，另一方面能够通过对受众心理、情感和态度的精确分析，实时把握社会的舆情状况。其二，智能技术为思想观念治理提供风险预判。在万事万物的数据化变革以及数字技术飞速发展的推动下，智能技术凭借对用户在数字平台上留下的大数据痕迹的记录与分析，逐渐建构起了数字化的监控体系，能够无时无刻、无处不在地对用户的行为和思想动态进行监测。这种技术"促使社会舆情处理从传统的'灭火式'管理走向'防火式'治理"[①]，有助于在思想观念治理过程中及时预防可能发生的网络意识形态安全事件，为思想观念治理提供了风险预判帮助。其三，智能技术为思想观念治理凝聚共治主体。当前，智能技术已经广泛嵌入人类生活的多重领域，智能技术在整合和联通各个子技术的过程中，也实现了不同主体在拟态世界中的聚集与联合。在智能技术搭建的虚拟平台上，不仅能够让政府、企业等主体继续发挥重要作用，也得以让民众及时获知思想观念治理的相关信息并且主动参与到思想观念的实际治理过程中，公众参与思想观念治理渠道不同、效率较低、动力不足等问题得到了较大改善。

---

① 荣婷、李晶菡：《人工智能时代社会舆情治理的转变与优化路径研究》，《中国行政管理》2020 年第 12 期。

第三章

观念风险的技术机制

　　柏拉图在《理想国》中谈到过著名的洞穴隐喻，即处于洞穴里的囚徒在篝火映照下所能看到的世界最终只是真实世界的某个虚假幻象。这体现了人类观念认知的悖论，即人们的认知水平总是不自觉地受到外在条件的限制。进入智能时代，这种认知的虚假性主要表现为主体的思想观念被智能技术操纵。在大数据、深度学习和智能算法技术的操纵和侵袭下，公众的思维方式、认知范式和价值观念发生了前所未有的改变，智能技术为人类思想观念的传播带来机遇的同时也带来了挑战，在参与主体多元化、反馈机制双向化、内容把关简单化的运作表征下，舆论引导、深度伪造、意识形态偏见等思想观念风险接踵而至，网络空间稍有不慎就会成为伪舆论弥散的温床，挑战主流话语权和思想观念。因为智能时代的观念风险，究其本质是借助于智能技术而生发出来的，也是围绕智能技术而展开的，如果没有智能技术的支撑，那么观念风险也将不存在。在这种意义上探讨观念风险的成因，就应当将考察视角深入到观念风险所依存的智能技术及其机制上。

第一节　大数据与思想观念的底层重构

步入智能时代，新兴的信息技术催生了互联网、云计算、智能算法、电子商务等一批产业的兴起，同时也带动了智慧城市、智能交通、元宇宙等新事物、新产业的诞生。不同行业的数据量正在以几何级数的形式急剧增长，这导致传统数据的存储、检索、处理以及应用的模式处于相对滞后阶段，海量数据的应用无法再使用传统的数据处理模式，大数据技术适应时代发展的需要应运而生。

以大数据和智能算法作为技术基底的网络世界成为与现实空间并存的第二空间，人们在这些由现代信息技术所构造的虚拟世界中展开数字化生存。在互联网虚拟空间中，传统的媒介传播要素和方式发生了翻天覆地的改变，不同的媒介内容对思想观念的建构产生深远的影响，大数据作为智能技术的底层技术深刻地重构了思想观念的生产、储存和传播范式。在技术工具的维度上，大数据技术作为网络空间的技术基础内在地具有意识形态倾向；在思想观念的场域上，以大数据支撑的现代网络空间已经成为思想观念传播的主要阵地；从思想观念内容来看，数据信息已经成为人们思想观念传播的新载体；从思想观念的传播受众来看，大数据技术支撑的网络空间呈现出价值分层，因此主流思想观念凝聚力与引领力的发展，必须以大数据支撑的网络空间形塑为基础。

数的概念诞生于旧石器时代，最初是与人们的日常劳动实践息息相关的。在相近的历史时期，不同地区的人们都有过"结绳记事"等类似行为。中国的《周易·系辞》云"上古结绳而治";《春秋左传集解》也有记载"古者无文字,其有约誓之事,事大大其绳,事小小其绳";马克思在《摩尔根〈古代社会〉一书摘要》中,记载了印第安人用各色贝壳穿成绳带。正如古希腊的《荷马史诗》中记录的盲人波吕斐摩斯每天靠着数石头来确定羊群的数量,数是在人类社会的生产实践中自发形成的用来记载信息的符号。

进入智能时代,数据的实质正在发生根本性的变革,数据已经从传统的记录过程的依据转变为新的生产要素。这个界定不仅可以描述为数据是技术和信息的载体和表现形式,更能精准阐述数据作为当今科技的核心实质。传统的数据是指在科学实验、统计或者检验中所获得的具体数值,而在信息技术高速发展的今天,各个行业对于数据要求已经发生了质变。今天的数据已经不仅仅是数值的代称,而是指在自然界和人类文明中的发展中,所有物质和意识的存在当中以某种形式或者语言记录及传承下来时,都会形成可见和不可见的载体,这些载体所承担的内容的存在即是数据。

无论是"结绳记事"的远古时代,还是信息技术高度发达的智能时代,思想观念的传播发展必然要借助相应的媒介工具,传播方式的不同最终取决于不同媒介技术的运用。这就意味着传统媒介方式的更迭必然会带来思想观念传播方式的不断演进。在技术发展的推进下,主流的传播媒介主要经历了口语媒介、书写文字媒介、印刷文字媒介、电子媒介以及智能技术媒介五个发展阶段。

第一，思想观念传播的口传技术时代。思想观念自诞生起就与语言有着千丝万缕的联系。各种思想、意识、观念最开始就是与人们直接的物质交往现实所关联，与语言交织在一起。语言作为思维的物质外壳和现实载体，是个人精神的外化和表现，思想观念自身的特殊性质决定了语言天然是思想观念传播的最初和最广泛的载体。在文字书写还未普及的时代，人们所采用的最便捷方式便是通过语言来传播价值观念、表达价值诉求。公元前500年前后的"轴心时代"，在中国大地上诸子百家通过游说君王寻求政治抱负出现"百家争鸣"，而远在大洋彼岸的希腊，苏格拉底则通过与行人和弟子的辩论，阐发自己的意识观念。在这一阶段，主流思想观念通过大型集会、公开演讲、面对面沟通等方式直接传输给受众。这种传播方式需要传播者和受众同时在场，是一种一对多的单向输出模式。其实，马克思、恩格斯的很多思想观点都是通过演讲等形式呈现的，如《关于自由贸易的演说》《关于波兰的演说》等。不仅如此，马克思本人多次强调要深入到工人阶级中去进行演讲，将无产阶级的思想灌输到工人群众中去，列宁以此为基础形成了比较系统的意识形态灌输论思想。直到今天，口传的思想观念传播方式依旧发挥着不可替代的作用。

第二，思想观念传播的书写文字技术时代。虽然口语传播的方式使得传播者和受众在同一场域，能够有效实现思想观念的单方面传输，但是这种方式也极大地限制了传播的时空范围。由于口传的方式具有即时性，受众的知识水平和理解能力不同，每个人的理解各有差异，口传的方式转瞬即逝，不易保存。而书写传播技术的出现极大地超越了口传技术的时间和空间维度，突破了传播者和受众必须同时在场的现实限制，实现了异时异地的思想观念传播。我们今天能看到前人留下的思想结晶，正是书写文字技术带来的思想观念传播范式的改变。

第三，思想观念传播的印刷文字技术时代。书写的文字虽然在思想观念传播上突破了时间和空间的限制，但是由于人工书写速度较慢、成本高，使得纸质书写的思想材料只能在相对较小的范围内流动，思想观念传播的广度受限。印刷术的发明，从根本上解决了书写文字的困境，思想观念可以借助印刷术快速、高效地进行传播。思想观念传播的成本相较于之前大大减少，流通的速度和广度均得到了提高。近现代以来，以报纸为代表的印刷媒介成为思想观念最为重要的传播方式，它以低廉的定价、广博的内容、即时的跟进快速深入到普通大众的生活当中，通过插入政治经济形势、党派间的政治斗争以及新闻娱乐信息极大地提高了传播效果。马克思很早就观察到报刊媒体对于人们思想观念的影响，他在《莱茵报》担任主编期间，将报刊作为底层群众发声呐喊的喉舌，尖锐地批判代表资产阶级利益的国家权力，列宁在俄国传播马克思主义理论时也将创办的《火星报》作为宣传载体。可以说，近现代以来的报刊媒体作为主要传播媒介，发挥着思想观念传播的不可替代的作用。

第四，思想观念传播的电子媒介技术时代。电报的诞生开启了思想观念传播的新时代，以电视、广播和互联网为代表的电子媒介超越了时间、空间和身体的限制，实现传播的交互性和即时在场性。正如美国传播学者约书亚·梅罗维茨所言："电子媒介能够绕过以前传播的种种限制，改变了传播变量中的空间、时间和物理障碍的重要程度。"① 在电子媒介中有两类媒介是需要重点关注的：广播和电视。广播和电视是大众传播媒介的中坚力量，在传播者的组织与设计下，它们能够于特定的时间对较大数量、异质、匿名的受众群体传递承载思想观念信息的诸多政治、经济议题。更为重要的是，它们确立了思想观念的大众传播模式，"这是一种以专业媒体组织为主体，对内容进行集中控制和把关，可以对全体大众实施自上而下大规模的信息传播机制"。② 然而，广播、电视也有其固有的缺陷，即传播的单向度、个体受众泯灭于整体之中、受众的被动接受以及传播效果的不确定与难测量。

第五，思想观念传播的智能技术时代。在传统的思想观念传播格局中，官方媒体占据思想观念传播的主导地位，控制着舆论导向、意识形态话语体系和意识形态主导权。然而，在以大数据和算法推荐为主导的智能技术时代，以智能算法推荐为核心特征的智能传播实现了信息与用户的订制化、精准化匹配，颠覆了意识形态话语权传统建构范式，深刻改变着思想观念生态与信息传播格局。

首先在传播主体上，新兴的思想观念传播主体百家争鸣，智能算法

① ［美］约书亚·梅罗维茨：《消失的地域：电子媒介对社会行为的影响》，肖志军译，清华大学出版社 2002 年版，第 10 页。
② 方兴东、严峰、钟祥铭：《大众传播的终结与数字传播的崛起——从大教堂到大集市的传播范式转变历程考察》，《现代传播（中国传媒大学学报）》2020 年第 7 期。

和大数据技术大大地增强了网络空间的自由性和开放性，拓展了众多主体传播话语和思想的渠道。不同阶层和社会地位的人群可以在智能技术平台发表自己的观点，并且可以借助最新的信息技术在极短的时间内将自己的观点推送给拥有相似观点的人群。例如抖音的推荐功能，人们将符合大众口味的视频发布到平台，通过后台的热搜推荐功能上升为热点视频为数百万人看见，之后在短时间内这些播放流量就可以转化成对应的货币。这种盈利方式也促使商业媒体在智能时代呈现出主导趋势，以盈利为目的的商业媒体利用大数据和算法推荐技术与资本相耦合，用新颖的标题、接地气的内容和技术优势抢占思想观念传播的网络阵地。

其次在传播受众上，个体受众的画像精准化，群体受众分层明显。在新的思想观念传播格局下，以大数据技术和算法推荐技术为支撑，思想观念的传播方式从不分对象的直接灌输到思想观念的个性化传播，智能技术借助海量数据精准摹化用户画像，从而形成个性化定制和推送。智能技术以用户为中心，通过不同用户在互联网平台遗留下的大数据进行抓取分析，从而全面掌握用户的使用心理、价值偏好、心理诉求，实时跟进用户最新动态。例如淘宝的商品推荐功能，若用户在淘宝的商品搜索栏搜索相关婴儿用品，那么智能技术将会根据这些搜索记录和用户在其他平台的使用痕迹判断用户是否有育儿需求，智能算法通过这些数据分析判断出用户有育儿需求后，在接下来一段时间内，用户打开淘宝首页便会有相关育儿产品推荐，在关联的平台也会有育儿知识的推荐。由此可见，智能技术已经可以自主抓取用户最新的数据，从海量数据中找到与用户最匹配、最新的内容，实现精准匹配。而这种用户精准化推荐的实现也会促使具有相似价值取向和个体诉求的人通过智能推荐联结到一起，形成兴趣爱好相似、价值取向趋同的趣缘群体。① 在智能技术下，趣缘群体内部的价值取向会越来越趋同，具有极高的认同度，而圈层外的声音则被隔绝、疏远，形成信息孤岛，从而使得思想观念的传播受到阻碍。

再次在传播内容上，智能技术下的思想观念传播呈现兼容和异构的特征。在智能时代，个人的自主性和创造性被充分地激发出来，在近十亿网民的智能技术空间中，每个人的成长轨迹、生活背景、日常活动均不同，这些不同的生产生活实践构成了思想观念生产的不竭的素材源泉。这些日常素材所构建的思想观念话语表达，更能引起普通民众的认同，在网民们点赞的同时，思想观念的传播就已经在潜移默化中实现。虽然算法推荐和大数据技术将思想观念生产和传播的机会逐渐下沉到网络上的个人，但是这并不意味着思想观念传播的质量可以做到人人趋同，智能技术固然可以通过主流媒体的议程设置传播弘扬正能量，例如通过最美教师、感动中国、学雷锋等系列活动，发掘平凡生活中的善意和美德，让正能量和主流意识形态在网络上充分唱响，但是智能技术也可以放大社会中的负面现象。为了获取流量和流量变现，众多平台用新奇、能带来快感的事件来抓人眼球而不顾传播内容的真实性和质量

---

① 蔡骐:《网络虚拟社区中的趣缘意识形态传播》,《新闻与传播研究》2014 年第 9 期。

优劣，算法推荐的置顶功能使得负面新闻所带来的影响力持续发酵。因此，智能时代的思想观念在内容上表现得兼容并包，在质量上则显示出异构的特征。

最后在传播模式上，智能时代下的思想观念传播模式呈现出互动化的特征。智能技术赋能于人类主体，使得人类主体进行意识形态把关的效率大大提高。在传统的思想观念传播模式中，内容把关都是由官方媒体通过人工删选进行，这影响了思想观念的传播效率。而在智能技术的赋能下，人类从繁重的信息筛分过程中解放出来，通过相关程序使得智能技术将政治、法律、道德等意识形态的内容进行筛选过滤，然后根据不同用户的偏好进行排列、组合、推送，精准地将思想观念的内容以符合个体偏好的方式进行分发。除此之外，在以智能技术为基底的思想观念传播场域中，传者和受众的双向互动也得以实现。在传统的纸质媒体和电视等传播方式中，受众只是被动地接受思想观念的输出，至于传播效果如何、传播方式是否需要改进则无从得知，而在智能传播场域中，受众面对思想观念的影响，可以即时发表自己的见解和看法，这种思想观念互动模式可以让传播者及时了解传播方式的问题，并且适时改进。原本处于被动地位的受众通过平台与其他受众进行沟通交流，大量社会思潮彼此碰撞，成为激发社会思想活力的重要因子。

第二节 机器学习与思想观念的生成再造

什么是机器学习？美国人工智能专家、卡内基梅隆大学计算机科学教授汤姆·米切尔认为："机器学习是对能通过经验自动改进的计算机算法的研究。"目前机器学习分为监督学习与无监督学习。所谓监督学习就是人为地在机器上设定并框定输入输出的内容，用大量实例加以训练，试图让机器归纳出规律并获得从输入向输出映射的模型，以达到举一反三的目的。监督学习具有执行力和设计者监督学习把控力等优势。目前，监督学习在机器学习中的应用比较成熟。与此不同，无监督学习不需要人类进行数据标注，而是通过模型不断地自我认知、自我巩固，最后进行自我归纳来实现其学习过程。无监督学习具有数据需求量小、不需要使用大量数据来训练、只需要在有限的数据上寻找启发、找出规律等优点。无监督学习比监督学习更接近于人类的学习方式、内部运行计算更复杂和精细、智能化程度更强。无监督学习给机器更大的自由，而最后表现出什么样的产出，设计者通常不能提前充分了解。无监督学习技术现在还远远没有成熟起来，在应用领域与场景上存在着诸多限制。总体来看，针对不同的任务目标因地制宜地运用监督学习与无监督学习是充分发挥机器学习功效的正确途径。

机器学习是一种高度复杂的数据处理模型，其所涉及的参数结构异常庞大，同时其处理流程也呈现出高度的多样性。同时，由于机器学习涉及众多学科领域的知识体系和技术方法，使得机器学习在安全领域发挥着不可替代的作用。在处理海量数据集时，它具有独特的优势，尤其是在处理信息量巨大、隐含内容复杂、信息载体多样化等方面，其应用价值更是不可估量。因此，在思想观念领域中，对于机器学习的全面深入认知及其合理应用，将成为一个值得深入探讨的重要议题。

一、机器学习赋能思想观念话语生产

普尔·大卫等学者认为，人工智能作为一门具有抽象性和概括性的学科概念，其核心问题在于构建机器感知、机器学习、自然语言处理、知识呈现、自动推理、自动规划、移动和操作物体等能力，这些能力甚至超越了人类智能的极限。人工智能研究的发展经历了由简单到复杂，再到高度综合与融合的漫长历程。在这一过程中，机器学习被视为一种高效、灵活、可靠的手段，可作为人工智能实现的一种灵活而有效的途径。计算机系统在进行机器学习时，通常会运用统计学方法，以赋予其从数据中提取信息并做出决策的能力。机器学习领域的主要研究目标在于设计和探究可行的算法，以便从数据中深入分析并提取规律，同时运用这些规律对未知数据进行预测。然而，随着信息获取技术的不断创新和发展，数据样本数量庞大、更新速度快、结构复杂多变，传统的机器学习方法已经无法有效应对和解决实际应用中的挑战。

从弱人工智能的角度来看，机器学习在信息生产和传播领域的广泛应用，为智能化背景下高效的思想观念话语生产提供了强有力的技术支持，有助于人类有效地分析结构化和非结构化的大规模数据。例如，今日头条的"张小明"、腾讯公司的"Dream Writer"、美联社的"Word Smith"、华盛顿邮报的"Heliograf"等，都是运用机器学习和写作技术进行新闻创作的智能机器人。长远来看，机器学习技术的发展将深刻改变思想观念话语的生成模式。机器学习技术可以通过构建文本特征数据库实现自动抽取并提取主题关键词，进而完成个性化信息加工。机器学习的独特之处在于高效的写作能力，能够在短时间内批量生产大量公文和稿件，从而使主流思想观念生产主体从繁琐的信息搜集和整理工作中解放出来，更加专注于深度内容的创作。

近年来，机器学习在信息传播领域异军突起，其应用范围和深度不断扩大，发展速度迅猛，尤其在信息生产和分发等与人们日常生活息息相关的领域表现突出。信息生产者利用机器学习方法实现了信息检索过程中用户需求和文本内容之间的匹配，提高了信息搜索效率。在信息生产的过程中，机器学习的应用已经在机器自动化的写作领域得到了充分的体现。在信息处理阶段，则主要体现为机器人工智能技术中的监督学习。通过监督学习的方式，信息生产者能够向机器提供大量的关键词、数字等输入数据以及预设的相应输出信息，并对其进行反复训练，从而形成一套高效的"输入—输出"信息规则。这种方法也被称为人工赋权法或基于内容的自适应赋权法。一旦制定了相应的映射规则，就能够自动将数据输入给算法，并按照指定规则填充公式化的表达，从而生成相应的稿件。这一过程是一个从简单到复杂再向更高级发展的过程，也正是机器学习的本质所在。

机器学习所具备的智能特质，不仅限于简单的填鸭式映射，而是涵盖了更为广泛的层面。从某种意义上讲，机器学习还能够成为一种新的思维模式和认知工具。随着技术的不断迭代更新，机器学习在输入输出端呈现出越来越智能化的面貌。机器在输入端不仅能够获取关键词和数字，还能够学习各种自然语言，包括但不限于人类语音、表情、图像等。在输出端，机器学习已经探索了一种分众化的输出方式，即通过考虑受众的群体特征和个人的阅读偏好，为不同的语言风格提供匹配。机器学习的应用有望将自动化写作从"一对一"升级为"一对多"，即通过输入一组数据，生成多种风格迥异的信息内容，从而实现思想观念信息生产的个性化和多样化。在思想观念信息生产和分发的过程中，机器学习展现出了对文字、图片、视频等数据信息进行深入分析、解读和分析的卓越能力。这些应用为社会生活带来了前所未有的便利与改变，也成为人类历史上最具革命性影响的发明之一。若能善用这种独具匠心的智能技术和源源不断的智慧潜能，无疑将为思想观念的精准有效传播提供巨大的助推。

二、生成式人工智能产生思想观念新挑战

2022 年底，OpenAI 推出了新一代的人工智能大语言模型 ChatGPT，成为全球用户迅速破亿的现象级应用。相比传统人工智能技术，以 ChatGPT 为代表的大模型表现出强大的语言理解交互能力、多领域内容生成能力、快速进化的涌现能力以及弱人工智能向强人工智能持续迈进的前景，引起了各界的强烈关注。ChatGPT 作为一种强大的人工智能模型，其背后的技术基础正是机器学习。借助于机器学习的智能技术，ChatGPT 可以实现图像识别、语音识别、自然语言处理等多种人工智能任务，从而开启了一种全新模式的人机互动。

然而，ChatGPT 在风光数月之后，正面临着激烈的安全争议与意识

形态考量。ChatGPT 所带来的风险已经不仅限于数据泄露或隐私泄露层面，而是可能引发对政治、金融、司法、意识形态、安全等多个层面混乱的担忧。第一，错误信息和观点将潜移默化引导公众舆论，降低意识形态信任感。大模型的算法和数据具有鲁棒性①、透明度、可解释性、可靠性欠缺等问题，"大数据＋海量参数＋大算力"提升了模型的总体拟人表现，但并不是和人一样理解与思考，有时无法从事实上区分信息的真实性，难以识别数据隐含的偏见和毒性，从而产生虚假、误导性或低质量的结果。这些错误和偏见往往会影响人的政治判断和政治选择，甚至隐蔽地塑造和误导公众舆论，冲击主流思想观念。大模型深度进入意识形态生活后，无论是意识形态决策者抑或是意识形态诉求表达者均可利用该模型从事意识形态活动。在这种情况下，由于大模型输入语言的类人化程度极高，意识形态决策者难以判断收到的政治诉求是否出自真正的"人"之口，意识形态诉求表达者难以判断收到的政策回应是否真的源于"官员"本人，此时可能出现意识形态决策者与诉求表达者的双向信任危机。

第二，大语言模型可能弱化思想观念阐释权。思想观念阐释权代表了国家在引导社会舆论、宣扬社会思想方面的权威性，是国家软实力的重要组成。随着大模型全面嵌入社会并参与某些重大概念与事件的解

---

① 鲁棒性：指控制系统性能对于内部和外部变化的不灵敏性。它反映系统运行状态对各种干扰的抵御能力。（夏征农、陈至立主编：《大辞典》第 26 卷，上海辞书出版社 2015 年版，第 176 页。）

释，大模型由于自身的普及性和便利性，可能使社会公众习惯于第一时间寻求大模型解释路径。这种先入为主性叠加大模型输出系统的高度拟人与完备化，将严重削弱主流思想观念解释的说服力，削弱国家意识形态阐释的权威性。大模型毕竟只是一种技术，在收集信息时只是出于单纯的收集目的。尽管大模型处理海量数据资源，且模型灵敏度会依靠日后训练与数据填补而提升，但思想观念阐释对象毕竟是具备情感偏好的生命体，他们所偏好的思想观念政策未必就是最符合程序计算的政策。这就出现了一个极困难的问题——生成式人工智能系统可能始终无法完全阐释思想观念主体的情感诉求。因此，大模型依据惯例做出的意识形态建议或决策存在回应性不足的风险。

第三，大语言模型沦为思想观念博弈工具。大模型技术在算力、算法、数据等方面的高门槛容易导致少数国家的技术垄断，可能被当作思想观念博弈或颜色革命的工具。一国可针对他国公众心理弱点来供给带有政治目的与本国意识形态偏好的内容产品，进而影响目标国公众的政治判断和政治选择，间接把控政治走向，对目标国思想观念安全阵地进行隐形渗透。当下思想观念工作对内容的管理，主要通过两种路径实现：一是主流媒体、专业人员经由严谨的内容采集、编辑、审校流程，生产高质量、高可信度的信息；二是互联网平台履行监管职责，对用户自发生成的信息进行审核、管理。不同于主流互联网构建的公开化、单轮式内容场景，大语言模型通常采取人机多轮对话的形式，形成"私密对话假象"和交互生产流程，从而构成管理难题。从 ChatGPT 来看，由于数据信息缺陷和"共生则关联"的技术逻辑，其所生成的内容绝非具有高可信度的，而是常常似是而非，甚至"一本正经地胡诌"，且不时呈现出明显的价值观倾向，极易对人产生误导，这使得对其开展思想观念管理工作势在必行。但如果沿用既有思维，仅对大语言模型的输出内容进行审核管理，不仅治标不治本，而且在管理成本、审核时效等方面会面临难题。

第四，大语言模型带来思想观念治理难题。大语言模型广泛应用后，国家和政府需要应对的数据压力呈几何级增长，而且伴随着输出语言的高度拟人化，想要对这些信息进行真伪分辨极其困难。大模型凭借其无与伦比的信息收集处理能力，配合先进的算法，处理信息后给出的决策建议在相当程度上具有整合性和便利性，将不可避免地使某些政策制定者依赖大模型进行政治决策。在这种情况下，大模型实际上已经部分承担了政策建议甚至政治决策职能。如果政策制定者长期依赖大模型技术而不注重自身政治素养的提高，那么将不可避免地出现政策创新力匮乏的问题，进而降低整个国家的决策水平。与此同时，掌握大语言模型技术的科技公司在社会中的话语权越来越大，使得国家在大模型时代进行数字治理和技术监管的难度大增。当 ChatGPT 等大模型以"网络水军"的方式参与公共事务，并蓄意就某一政治事件输出具备意识形态色彩的错误事实时，庞大的数据体量会造成极大的监管压力。如果政府部门无法及时对网络环境进行正确监管，对错误信息进行分辨处理，这种由于监管缺口而在公众间广泛传播的错误信息可能造成严重的意识形态风险。大语言模型技术的创造、发展和普及都离不开专业的科技企业，特别是科技巨头。这些企业以委托治理的方式参与国家治理目标的实现。但是大语言模型必需的算法、算力、数据三大数字要素被少数头部科技企业掌握，先行优势扩大规模效应，这些企业必然会形成技术垄断趋势。走向寡头化的科技巨无霸依赖算法权力和运作效率，模糊国家的权力边界，甚至取代国家的部分功能，带来"国家空心化"的危险。

三、机器学习的思想观念偏见

当人工智能技术落地到各个行业领域，机器学习作为人工智能技术的核心也逐渐渗透至各个方面。计算机通过模拟或实现人类的学习行为，通过大量数据和算法获取新的知识或技能，最后重新组织已有的知识结构使之不断改善自身的性能。然而机器学习一直存在"黑匣子"问题，机器学习网络具有高预测能力但可解释性不足的特点。在用大量数据"教导"机器学习的同时，研究者发现机器学习也会产生不可预测性的"偏见"，当一些暗含"偏见"的数据被算法永久性地编码进人工智能程序中，就可能导致未知的错误和偏差，这可能会在最终结果和决策中产生影响甚至重大的错误，从而影响未来人类与人工智能的关系。

机器学习领域的意识形态偏见是指机器在思考、判断和决策过程中，由于受到某种思想观念的影响，导致对信息的加工、诠释和表达过程中出现了一定的偏见和倾向性。思想观念偏见是一种常见但又容易被忽略的认知偏差现象。个体在面对信息时，若受到意识形态上的偏见影响，可能会过度关注与自身观点相符的信息，而忽视或贬低与之相反的信息。思想观念偏见也会使个体做出错误的决定或做出不利于他人甚至损害自身利益的行为。在政治领域中所存在的思想观念偏见，可能导致人们对某一观点的支持过于狂热，而对其他政治观点则持有偏见。在文化领域中所存在的思想观念偏见，会促使人们对某种文化价值观或传统产生过度的推崇，而对其他文化现象或观点则持有贬低或排斥的态度。在社会领域中所存在的思想观念偏见，会促使人们倾向于站在特定的利益集团或阶层立场，忽视其他群体的利益和需求。总之，个体在获取和处理信息时，由于受到意识形态偏见的影响，往往会出现认知上的不平衡，从而对个体的决策和判断产生负面影响。具体来说，机器学习领域的思想观念偏见体现在以下方面：

一是在内容生产环节，机器学习技术可能夹带主观偏好，植入思想观念偏见。思想观念偏见是由内容生产程序所决定的，也受用户需求驱动和技术发展影响。为了追求产品的增殖和流量的变现，算法在内容生产环节的设计初衷是基于平台的价值偏好，通过内容生产程序的开发、资源的调配和结果的呈现，构建一个思想观念偏见的孕育、运作和生成链条。算法开发者基于用户需求进行编码和解码，并将信息传递给受众，最终形成意见领袖和群体极化。在机器学习开发过程中，内容生产者在掌握大体量数据的基础上，参照某些计算公式，运用算法，套用已有模板生成规范的意识形态信息；或者通过挖掘、分析用户数据，或者根据受众自定义的标签，将同一内容的信息整合成个性化的意识形态信息。作为平台的核心生产资源，内容生产者被算法细分为不同的类别，并被赋予不同的层级和组织培育，以逐步适应算法的调度和配置。人们往往容易信任算法的机器学习，因为算法被认为非常客观。但事实上，这些算法都是人工编写出来的，人们可以把所有的偏见与观点植入其中。换言之，智能技术在运行机器学习时可能是不带有任何偏见的，但是这并不意味着算法在编写过程中没有受到人类偏见的影响。社会偏见是思想观念偏见的基础，社会偏见以观念的形态被传播者接受，并被融入媒介产品，最终到达受众，并向其输出新的偏见观念，受众偏见有可能成为偏见传播的新起点。

二是在信息分发环节，机器学习技术削弱公共价值，强化思想观念偏见。机器学习技术在信息分发环节通过多种计算方法筛选、过滤和推送信息，这些环节都可能受到技术黑箱的掩盖，从而导致社会共识的削弱、认同的狭隘以及议程设置的耗散等问题。内容标签算法推荐是基于大数据时代的新媒体环境而产生的一种精准营销模式。推荐使用内容标签算法，对用户的浏览历史、搜索记录等进行标签化处理和深度学习，以评估其接收兴趣和使用偏好，并在此基础上持续推送相似的信息。尽管千人千面的个性化推送看似能够满足用户的个性化需求，然而这种裂变式的传播却有可能破坏主流意识形态的凝聚力。在信息过载时代，内容标签算法推荐的本质是以用户的注意力为核心的社会化媒体运营模式。在追求利润最大化的流量驱动下，商业价值观和算法推荐可以将用户的信息偏好置于信息的公共价值之上，从而实现信息的最大化利用。

三是在效果反馈环节，机器学习技术规训用户思维，放大思想观念偏见。效果反馈就是将信息转化为用户所需要的结果，即用户接受或认可该信息后会产生相应行为。效果反馈作为意识形态规训用户的终端体现，在机器学习中扮演着放大偏见的重要角色。在信息传递的过程中，效果反馈环节不仅改变了信息传递的方式，同时也促进了用户参与信息内容的审核、评估和传播，从而营造出一种虚假的权力、自主和沉浸的感觉。平台通过控制受众行为，形成"用户为王"的规则体系。虽然用户能够参与审核以获得掌控感，但他们对平台的依赖程度却更加强烈。机器学习技术通过分析受众群体特征来预测未来内容需求，从而引导用户生成新内容。利用终态数据的收集，包括用户播放、点赞和收藏等，作为下一轮内容生产和分发的决策依据，该算法得以实现。用户的选择对于内容的排序、呈现和推荐具有至关重要的影响，这使得用户感受到了把关人的决策权。在这种情况下，内容生产者往往会将自己视为"被投喂者"。他们只关心自己的喜好，而不去关注其他用户的喜好，从而造成用户对内容的被动接收。然而，机器学习技术运用符合用户偏好的计算，将数据拼接成一个真实的"自我"，这种"自我"不仅超越了用户本身，更被用于拼接成用户的偏好。因此，用户在无意识地被"投喂"的习惯中，逐渐丧失了主动获取多元信息的意识。

第三节　算法推荐与思想观念的传感触发

算法推荐正在超越人工智能的技术范式，成为社会资源配置的新兴权力，这一权力形态在资本逻辑加持下，已经开始扮演起意识形态的角色。算法能够通过向机器输入具有一定规范性的程序代码，在限定时间内获得所预期的输出结果。在当下，算法已由计算机专业术语迁移应用于智能时代的公共话语体系中，其通过深度学习和机器训练模拟人脑思维和智能，帮助人类处理日益严重的信息过载危机。具体到算法推荐，就是通过挖掘用户历史数据，获知用户特征"数据画像"，其输出结果能够精准匹配用户需求。

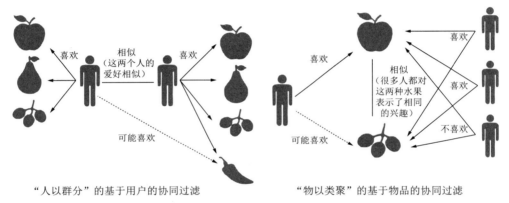

图 3-1　基于用户和物品的协同过滤

在智能技术的众多基础算法中，较常用的是基于内容的算法与基于领域的算法。其中基于领域的算法又分为"人以群分"的基于用户的协同过滤算法和"物以类聚"的基于物品的协同过滤算法两大类（如图 3-1 所示）。由于网络信息规模呈几何级增长且信息之间相似度频繁变化，所以平台型媒体多选择基于用户的协同过滤算法作为推荐系统的核心算法。该算法的核心运算逻辑是"拟合一个用户对内容满意度的函数"，这个函数需要输入三个维度的变量，即经标签化处理的内容特征、用户特征和环境特征，函数的计算结果为这一场景下用户对拟推荐内容的满意度。

　　智能技术作为一种深度介入网络信息生产、流通、反馈等全过程的技术，表面上看只是实现一次次精准、高效的信息分发，然而从更深层次上审视，其实质是以一种弥散化、潜隐化的方式控制思想观念领域的思想传播、价值引导及利益分配。智能技术条件下思想观念生产流程模式可以概括为标签化海量信息、对用户构建多维画像、进行个性化推荐三个环节。首先是生成用户标签化海量信息。数据采集是智能技术推荐的首要环节，数据采集这一过程类似于搜索引擎对网页的抓取，它在现有数据的基础上利用大数据挖掘和分析技术，对相关数据进行结构化处理。随着数据量的增加，数据的种类也在发生相应的变化，数据以结构化、半结构化、非结构化的形式被服务器所存储，将海量的元数据进行标签化分类、聚合，为智能技术对用户进行精细化标签匹配奠定基础。其次是对用户构建多维画像。智能技术通过对新用户注册时勾选的兴趣话题、用户对提供内容的喜欢与否建立用户个人的兴趣模型初始数据。接着通过对用户社交行为如微博、微信等社交账号绑定，报道分享的频率及偏好将用户划分至不同的群体个性化数据库，群体个性化数据库可提高算法对个人的个性化数据的准确性。平台通过用户的阅读记录和行为，对用户的情感倾向进行算法建模，不断地细化用户画像。最后是进行个性化推荐。在信息输出阶段，智能技术推荐机制将与用户偏好相匹配的内容准确地分发给每一个用户。算法数据可以再现主体与社会的互动关系和交往频率，通过对彼此之间的数据匹配进行关系评估，开展信息推送等相关促成活动，进而改变主体价值判断的社会关联基础。

在思想观念领域，对算法技术控制权的争夺已成为各方的"角力"重点。算法不仅是一套特定的程序编码和计算模型，实质上还是一种新兴的资源配置范式。算法推荐在掌控内容流动过程中，决定着人们想看什么、能看什么、看的多少，以及看的先后顺序，从而不知不觉地影响人们的认知习惯与行为方式，形塑人们对外部世界的观点和看法，以致干预甚至主导人们的思想和行为。可以说，智能算法在模拟人脑的思维与智能工作的同时，其实也是在行使社会权力，这一权力不仅能够主导个体的信息获取和认知养成，同样对企业发展、社会运转、国家治理也表现出强大的作用力。但这种权力形态与传统政治的或社会的权力类型有所不同，它更多地承载着商业逻辑、偏好原则、技术理性和隐性运行的特征。一开始，算法权力还只是在算法空间隐秘化地表达个体的偏好与选择，但当这一权力指向公共事务和生活领域时，依托商业资本的强势驱动，算法推荐对原有内容的传播结构重新赋权，并对传统权力模式进行解构与重构，造成政府、企业、社会、公众在不同程度上受到了算法权力的干预和控制。质言之，在看似中立客观的算法结果背后其实蕴含着特定目的的意识形态意志，这一权力方式替代传统权力手段干涉甚至主导人类社会事务，它强大、隐秘、持久，而且其运行结果并非总是向善的。

就算法推荐而言，内嵌规则决定了算法推荐从一开始就不可避免地会预设有某种思想观念立场。在算法设计过程中，算法工程师们通常代替不同的用户做出统一选择和决策，规划算法实现目标的技术路径，并依据自身知识判断或历史用户的使用惯例挑选数据和训练模型，以便确定内容与用户匹配的最优算法。不难发现，算法工程师自身的知识储备、价值信仰和思想观念，以及他们所处社会的伦理道德、意识形态和精神文化是影响算法设计的关键因素。此外，"喂养"算法的数据也并非是价值无涉的，它们从现实世界中抽取因而必然携带着社会、文化和价值的意识形态色彩。数据的规模和代表性是影响数据客观性的关键指标，但获取全样本数据并不是一件想当然的事。算法工程师们往往希望算法实现某种预期结果而精心选取某一类"指定"数据，或者在数据分析模型的设计中进行人为"扭曲"，甚至对数据的相关关系进行过度解读，这些都左右着算法推荐的价值选择。与此同时，算法不仅会承袭算法工程师们和历史数据中的价值立场，还可能随着自身迭代更新和数据体量的扩容而强化和放大这一价值立场，从而进一步固化、极化算法推荐的意识形态色彩。

算法的运用过程往往被商业资本裹挟，服务于特定的资本目的或政治目的。资本逻辑渗透于算法数据抓取用户数据的价值判断中，隐藏于深度计算和内容推送的价值标准中，呈现于推送结果对用户的价值引导和思想操纵中。资本逻辑拥有强大支配权和控制权，它强调内容变现能力，并承受最小的社会责任和伦理义务；它通过重构内容传播的评价体系，支配算法的应用场景和应用强度，以致"绑架"算法成为特定思想观念的传播载体与外在表达。同时，深度学习和机器训练赋予了算法某种程度的自主性，这种自主性也必然让输出的结果难以解释和预测。一旦算法运算出错或失败，其推送的内容可能走向算法工程师们和用户预想的反面，甚至引发社会伦理问题。况且算法推荐作为一种技术手段本身并不具备反思功能，其对所输出结果的伦理倾向不承担任何纠偏职责，这会导致错误倾向的内容推送无限循环下去。总之，意识形态渗透于算法推荐全过程，算法进行的个性化推送并不仅仅是"貌似客观"的数据和信息，而是夹杂着资本、内容、用户三方博弈关系的内容载体，潜藏着特定的思想观念内容与价值取向。

第四章

观念风险的社会弥散

当下，移动智能终端、自媒体和数字虚拟技术建构起的大众信息交流与话语传播场域已然成为现代人的生活景观，依附于智能技术为自身赋形的观念在人们认同建构和情感皈依中的作用尤为彰显。智能技术既打开了人类未来生活的无限潜能空间，又提升了对于主流思想观念认同的壁垒，使各类思想观念的弥散与渗透在总体上更趋于隐蔽化、全域化、复杂化和动态化。

第一节　观念的弥散渗透

伴随大数据、云计算、物联网及人工智能等智能技术无缝渗透进现代社会，人类的交流模式、生活方式、情感认知乃至生命存续状态相应发生解构和重组。智能技术不仅满足于以一种工具或手段的形态呈现，而且是深深嵌入社会实体结构和日常经验，成为现代人的基本生存模式。"数字化生存"概念的提出更标明了智能化、数据化已然超脱于纯粹的技术事件或社会现象，跃升为更具普遍、复杂、沉浸特质的人类生存图景。除了持有丰富的信息数据，现代生活世界的景观之下还潜存着各式各样流动复杂的社会观念暗流。伴随前所未有的超级性能系统在处理个人的可解读性应用和身份识别上的不断深化，观念风险无疑以技术权力的面相呈现自身，其强大的规训和辅助作用将社会观念的弥散与渗透推向隐蔽之境。在此意义上，如何在智能化时代布展自身，是主流思想观念在现代社会面临的十字路口。智能技术观念风险的探究不仅是马克思意识形态批判的延伸领域，更构成为当代数字资本主义研究关涉的核心议题。

一、从生命规训到精神政治

福柯在《规训与惩罚》的开篇描述了处决达米安的残酷场景，在公共场所对刑犯肉体进行毁灭是传统君权的布展。福柯认为，达米安式司法酷刑的历史退场标榜着权力由肉体的驯顺和摧毁，转向对身体和生命进行细致的调控。"公开处决的消失就不仅意味着这种场面的衰落，而且标志着对肉体控制的放松。"[1] 酷刑景观的消失意味着惩罚体系的嬗替，即肉体的毁灭被身体的规训所取代。"这种权力不是那种因自己的淫威而自认为无所不能的得意洋洋的权力。这是一种谦恭而多疑的权力，是一种精心计算的、持久的运作机制。"[2] 被重新编排的规训权力普遍存在于现代社会中，表现为对主体身体进行操练和改造。现代西方社会中的学校、军队、医院等社会机构作为阿尔都塞意义上的意识形态国家机器，将个人"传唤"为主体，使得主体处于同质化的暴力之中，失

---

① ［法］米歇尔·福柯：《规训与惩罚》，刘北成、杨远婴译，三联书店 2019 年版，第 10 页。
② 同上书，第 184 页。

去自身的丰富性和差异性，最终在规训秩序的符码中被形式化了。在数字社会，智能技术催生了全新的监视模式，数字权力不仅停留于身体规训，更将触角延伸到精神内部。作为数字权力自我扩展之对象的数字人，被锚定和凝固为一串数据，时刻受到无形的管控和限制。不同于鲍德里亚所预示的透视空间和全景敞视监狱走向消亡，数字社会呈现出一番截然相反的景象：主体尚未从原先那可视的、规训的全景敞视监狱中求得解放，就被重新抛入不可视、密不透风的智能化全景敞视监狱之中，可视的围墙转为不可视的数字屏障。

智能技术的弥散导致国家和社会权力的扩张，也由此催生了公民政治意识的觉醒。公民在数字化生存中获得了实现权力与履行义务的崭新身份，即"数字公民"。正如"数字化生存"并非指人的生存本身即数字，而是指脱离数字，人的生存活动无法呈现自身意义，"数字公民"同样指向了在数字意义空间中的公民副本。通常来说，数字公民的特征是活跃在去中心化的线上场域，脱离了传统的以国家或地域为标识的身份认证与物理空间实在场的活动边界。毋庸讳言，世界的数字化对于公民政治生活的共识驱动和决策参与提供了便利，但是当数据成为权力，甚至具有比传统资本更隐秘强劲的控制力时，公民权利也演化为算法的猎场。公民在政治数字化运作的进程中，不仅社会身份在技术场域中趋于隐匿，自身权利也日渐空心化，他们亟待被认可为数字空间共同体的合法成员。基于信息交互的网络关系构成了数字空间的主要结构秩序，技术化逻辑的扩散在这一秩序中实质性地改变了现实权力的运作模式。

就数字空间中的权力运作展开而言，即信息资源和算法技术作为主导数字空间秩序的中心枢纽，通过操弄信息流动达到对数字公民画像及行为的全景式全过程监视。数字平台作为数据与算法资源的收集者、掌握者与使用者，逐渐打破传统的国家和社会的二元结构，重组成国家、数字平台、社会的崭新三元结构。也就是说，政府和数字平台实际上共同持有信息和技术的控制权，活跃于数字网域上的公民则在直接生产着数据的同时也依赖着数据。

在此过程中，智能技术作为一种崭新、泛在的观念权力，隐蔽地渗透于生活领域的各个层面，给观念的生产与传播方式带来革命性的变革。正如萨多夫斯基所言，"数据化是一种探知世界特征和动态的方式，它通过将世界分类和规范化，使其清晰、可被观察，同时也排除了探知世界的其他可能维度与方法。与所有审视和处理世界的方式一样，数据化也是行使权力的一种方式"。[①] 平台对人进行数据化的运用被理解为一种非对抗性的暴力，它指向的对象并非立体丰富的人，而是逐利目标下符号化、碎片化的人。数字技术在自我优化方面的观念呈现出新式主体化模式，即以效率和成绩的名义追求自我的无限优化。在算法的加持下，人的潜意识被大数据透镜放大和分析，甚至连潜意识所编织的行为空间也被数据挖掘所破译和解码，资本诸要素得以全面入侵生活世界，观念弥散和渗透的范式随之由独断专行的"规训强制"转向人性化、精

---

① ［美］贾森·萨多夫斯基：《过度智能——数字资本主义如何抽取数据、控制我们的生活以及接管世界》，徐琦译，中译出版社 2022 年版，第 75 页。

细化的"鼓励诱导"。

具体而言，观念弥散和渗透范式转换的本质根据可由以下三个层面视之：首先，观念渗透范式发生转换的深层机制是生产方式从物质到非物质的嬗变。正如福柯规训理论中肉体强制到精神管控、君主权力到规训权力的更替那样，观念渗透范式转换的本质原因在于社会生产方式由传统工业向数字生产的转型。伴随新自由主义的蔓延，数字资本主义的典型产品不再单纯是可供消费的实体和温驯的身体，而是信息、数据、心理等非物质性的存在。与之相应，观念的弥散渗透方式从生命规训向精神政治实现了范式转换，转而将主体的意志、心理、情感、行为等以编码的形式予以量化，并将其视作自身的新型权力运行场域。例如在"人性化"的外衣下，平台通过用户个人数据的抓取，精准刻画出个人和群体的心理图像，实现对应的意识形态渗透。其次，智能时代的社会生产力主要彰显在精神领域，伴随着主体身体从直接的物质生产释放出来的过程，社会对于优化主体的精神意志和脑力运转给予了格外关注。于是，优化思想取代了规训身体，美容手术和健身中心以审美矫正术终结了规训式的外科矫正术，主体的观念和行为均被纳入资本主义视野中成为有待榨取的经济资源。最后，就主体维度而言，个体成为自我强迫的主体，即规训的施加者由他者让位于自我，他者与自我的边界逐渐脆弱、模糊。在这个元宇宙、万物互联、区块链技术所流行的时代，人们似乎不甘愿服从于他者权威话语的操纵，迫切地在虚拟世界中寻求自由和平等。"使生产率与效率达到最大化的不是对自由的压制，而是对自由的充分利用。"① 资本主义世界中的新自由主义迎合了"自由"这一看似进步的目标，它披着自由与解放的外衣粉墨登场，以广告宣传的形式教化人们心甘情愿地供人剥削，甚至对自己施加强制的同质化。观念的弥散和渗透正是巧妙地利用了主体强制性的自我关涉，将政治取向与主体优化联结为一种强共鸣，使人们对政治观念的认同转化为增强自身观念的"自由"行为，进而潜隐地对主体精神实现了殖民。

从生命规训到精神政治、从显性到隐蔽，是观念在智能时代弥散渗透的逻辑展开。观念在精神政治的层面借由大数据打开了本我与自我的通道，将智能技术与精神权力施展相匹配。法国当代技术哲学家贝尔纳·斯蒂格勒曾对精神权力进行批判，他认为精神权力的生成演化是基于生命权力逻辑的历史展开，精神权力已然将触角伸至生活世界的各个领域，尤其是精神生活。那么今天我们需要追问一个福柯未曾思考过的问题，即作为一种精神权力的数字技术是如何对主体精神实现驯顺的？在数据型构的虚拟社会中，信息网络成为新的全景敞视结构，主体似乎仍被安置在固定的位置，但与边沁式圆形监狱的中心视角不同，数字化全景敞视监狱呈现出显著的非透视性和去中心化特征。在新自由主义智能时代，观念的弥散渗透与精神权力的运作都属于隐形强制力，它们使从前一切晦暗难言的障碍变得合理化，并装扮以顺从、友好的姿态将个人俘获于资本主义社会观念的精明操纵之下。资本主义社会观念的弥散

---

① ［德］韩炳哲：《他者的消失》，吴琼译，中信出版社 2019 年版，第 23 页。

渗透以"肯定性"作为运作手段，它不是通过宣扬禁令或者约束，而是通过鼓励和成全人们"自由"地表达与展示自身，来悄然隐藏起"肯定性"背后那些赤裸裸的权力凝视。

需要补充的是，尽管社会观念空间中技术权力的触角已延伸到主体精神内部，看似具有完备的控制力，但依旧密布着潜隐风险。一方面，数据操纵者在资本逻辑驱使下追求信息垄断，那么数据生产者和持有者则容易沦为信息孤岛，技术权力与政治权力的博弈并非直接蒸发了，而是始终存续于数字技术空间的持续竞技中。另一方面，观念渗透与数字技术的联姻极易造成技术权威的后果，进而导致技术持有者的政治权力扩张。技术是中立的，但是技术的使用无疑沾染了主体的价值意向。如果将思想观念弥散渗透的考察视阈转向智能技术空间，我们就必须直面和回应技术伦理和权力失序的问题。

二、从思想观念空间透视智能技术

伴随着资本通过追求智能技术的公共属性以不断扩张自己根基的过程，现代人在资本与技术合谋的权力压制下沦为"数据人"，数字平台在资本驱使下升级为"利维坦"的化身，借助观念的外在形式施展隐性规训。由此便引出一系列问题：数字社会中观念是如何植入智能技术中的，又是如何为智能技术所架构的？为什么在今天思想观念的弥散与渗透变得更为平常和隐蔽，但又充满着被颠覆的风险？换言之，在思想观念场域中，技术权力和公共权力这两个基本元素是通过何种形式结合在一起的？下面，我们将从实质结构上探讨上述问题的答案。

从智能技术负载思想观念的角度而言，技术操纵者将自身观念以代码的形式注入数字技术，通过算法编写和转译完成观念输入，承载着某一特定群体观念的数字技术便表现出不同于一般政治权力的叙事话语。以西方新自由主义的意识形态传播为例，"通常，意识形态包含着特征不明的所有意向，其中包括只有通过约束性决策才能得以实现的行动纲领，就此而言，可以认为意识形态也是一系列要求"[①]。新自由主义正是利用数字传媒技术发出一系列指令，使其可以按照资本的权力指令源源不断地传递自身观念，并通过观念输出的手段达成垄断性、支配性、权威性等目标。与智能技术全面嵌入社会物质生产、现代管理系统的显性景观截然不同，智能技术以观念化面貌占领生活世界的过程通常秘而不宣，往往被作为"技术化身体"存在的现代人所忽视。在数字技术编织的意义空间中，观念权力得到空前扩张且不具有时空盲点。万物互联、元宇宙和虚拟现实技术带来的"技术神话"进一步打破了时空限制：大型跨国科技公司如火如荼地在世界范围内开展数字圈地运动，生产着数据的个人用户在资本的数据攫取过程中获得数字劳工的崭新身份，人类社会进入到高速运转和发展的智能时代。然而观念空间中社会思潮角逐在智能时代不仅未曾消失，反而在与资本和技术的深层结盟中实现了话语迭代，达成"现存秩序的合法化"。通常而言，数字平台是资本与技术共同打造的独立于现实世界的"虚拟空间"，用户在这些承担着不同

---

① ［美］戴维·伊斯顿：《政治生活的系统分析》，王浦劬等译，华夏出版社 1999 年版，第 44 页。

社会职能的虚拟场域中自由平等地进行话语表达和信息互换，切换着多元化的社会身份和交往模式。这在很大程度上遮蔽了观念交互和现实世界的关联，削弱了不同阶级之间社会观念的撕裂对立，社会观念的弥散渗透随之表现出流动化、个性化以及隐蔽化的趋向。

我们再将目光投向智能技术负载思想观念的更深一层，即智能技术和思想观念的深度结盟不仅使智能技术的运行常以观念的面貌呈现，而且为观念的弥散渗透被智能技术的持有者操纵提供了可能性，导致去权威性、去系统性和反中心化的风险。值得注意的是，以传统政治话语形态出场的思想观念一般都能够被直接识别，然而以智能技术媒介进行渗透的文化话语却往往被人们忽视。西方国家在得到核心智能技术持有权的同时，通过智能技术的强大力量向全世界兜售其价值观，因此也占有了在思想观念领域的引领权。正如马克思对资本的批判："只有吮吸活劳动才有生命，吮吸的活劳动越多，它的生命就越旺盛。"①推特、脸书等数字商业平台通过广泛收集和利用世界纬度内的用户信息，堂而皇之地将个人数据这一新型生产资料占为己有，由此牵引出新的价值增殖模式和资本垄断方式。数字平台的资本盈利形式和数据生产方式导致公民接触主流观念和认同主流观念间的缝隙撕裂，使思想观念空间呈现出反公共性的特征。譬如智能推荐技术向不同圈层和价值偏好的用户提供精准投喂，使不同的思想观念在各阵营间持续分流和分层，出现观念茧

---

① 《马克思恩格斯文集》第 5 卷，人民出版社 2009 年版，第 269 页。

房、刻板印象、过滤气泡等现象,观念的公共性被蚕食而变得稀薄和脆弱。

三、"可视"的"不可视":观念的技术面向之嬗变

正如马克思将意识形态看作是对现实的社会历史的虚假映像,作为上层建筑的思想观念同样是一种"不可视"的抽象思维体系,不能被视觉直接感知。而在智能时代,数字媒体技术和图像资本的深度联姻为观念的弥散渗透提供了"可视化"契机。在 5G 技术、虚拟现实、万物互联、融媒体等新兴数媒技术的强势介入下,高强度、意义化的图像消费品被源源不断地生产和输送到数字资本市场,在诱导人们消费的同时也悄然开展文化收编,实现了对口传文化、印刷文化的更新迭代。"图像霸屏"为现代人带来的不只是观看方式的更替,更是观念和叙事层面的颠覆,本雅明描述的"讲故事的人"被海德格尔式的"图像世界"所取代。在 Instagram、小红书等社交平台上,人们更倾向于以直观、简明、清晰的视觉图像代替细针密缕、起承转合的文字描述,这折射出现代人思考、理解、表达事物的叙事逻辑向图像叙事的过渡。图像叙事是一种将日常话语的抽象思维逻辑转换为图像的观看感知逻辑。相比于口头话语、文本表达的传统叙事,图像叙事抽象出视觉图像与时空场域的关联,消解了以往"叙事者在场"的局限性,实现了主体交往活动在虚拟空间中的自由蔓延扩展。同时,图像往往更具简明、直观、趣味的特性,可以更好地满足主体的感官愉悦,故而更容易俘获人们的青睐。一旦图像技术成为社会观念的叙事,它便具有了不同于通常意义上象征符

号的社会职能，成为观念弥散的重要手段。

需要指明的是，观念叙事方式的最终目标是促使主体对某一观念潜移默化的接纳和认同，使观念渗透在人们的现实生活中抵达日用而不知的状态，完成由个体向主体身份认同的迁移。无论主体是否清晰意识到自身思想观念的存在，都能够在这一观念的指令下从事生产和交往。譬如海德格尔的箴言，人们"在进行认识的时候，眼睛有着种优先性"。[①]从手工绘画到印刷影像再到数字生产，图像与物理世界的关系发生了遽变，以数字媒介技术为支撑的图像化大厦已然成型。在手工绘画时代，图像通过模仿物理世界成为记事工具或艺术作品，处于从属依赖关系；在印刷影像时代，图像与物理世界以平行关系示人，摄影、冲洗及印刷技术更为精准地复刻了现实世界的面貌；在智能时代，图像不再仅仅停留于简单的模仿，而是具备了自主性，可以不断通过专门的技术机制生产和强化自身，AI绘画甚至摆脱了叙事对世界本身的依附性，图像叙事似乎足以凌驾于现实事件之上。借助数字技术，观念景观与现实世界的关系发生反转，一个全新的图像虚体由此诞生，图像成为承载与渗透思想观念的重要叙事范式。

然而由于资本逻辑的介入，图像叙事"去中心化"属性导致西方世界资本霸权的趁机入侵，图像产品与消费主义的结合更使其不断展现出腐蚀主流思想观念叙事场域的负面倾向。伴随经济全球化趋势的不断加

---

① ［德］马丁·海德格尔：《在通向语言的途中》，孙周兴译，商务印书馆1999年版，第171页。

深，西方国家新自由主义意识形态与多元观念思潮的冲击持续扩张，以图像产品为代表的视觉社交网络平台成为思想观念弥散渗透的重要场域，如广告、电影、短视频、网络游戏等。伴随算法推荐技术的广泛应用，以抖音、快手、视频号等为代表的各类短视频程序异军突起，图像产品在生活世界的圈地运动使其成为普遍性意义上的景观。当主体被无处不在的视觉图像包围时，主体本身就有着沦为被图像所定义的客体的可能。在抓取和采集个人数据、浏览历史、点赞记录等数据的基础上，短视频软件对用户生成立体画像，针对个人偏好精准地将特定内容推送到用户面前。在反复的精准推荐和接受的过程中，用户逐渐对迎合自身偏好的短视频产生瘾欲，在图像世界中欲罢不能，丧失了接触其他图像信息的机会，图像茧房效应由此形成。不仅如此，许多解构社会主流思想观念的视觉产品趁虚而入，使人们在图像搭建的虚拟之境中动摇立场、模糊认知，造成主流意识形态在社会群体中的缺席甚至空场。

面对资本逻辑的冲击，符号意义在商品价值中的地位显著提升，产品的符号价值、品牌效应甚至远超过产品本身的实际价值，主体的消费选择愈加向能够标榜自身品位、地位与身份的产品倾斜。同样地，以资本增殖为重要内驱力的消费主义逻辑已悄然渗入图像层面，资本通过各种虚拟景观的塑造，将图像植入商品的符号价值中。人们越发追求感官层面的刺激与视觉层面的欲望，甚至图像本身也成为一种新的拜物教形式，悄无声息地控制着人们的思想与行为方式。更为严重的是，裹挟着消费主义逻辑的图像容易使人们在视觉狂欢中过度关注个人快感而忽视道义和真理，在过度追求个人价值与物质价值的过程中使社会观念走向过度功利化。

第二节 资本与智能技术的耦合

自社会历史发展步入"人类世"以来，技术始终以一种"达摩克利斯之剑"的形象示人：一方面，随着智能技术深层次地嵌入人类生产的文明秩序，社会生产力得以极大提高，物质生活资料也得以极大丰富；另一方面，资本逻辑的介入使智能技术对社会发展的操控趋向已然溢出单一的生产领域，技术理性作为一种合理化的权威初步具备了公共权力的形态，在无形中影响和建构着现代人的思想观念和行为模式。

一、资本、智能技术与现代生产方式的变迁

马克思曾指出："资本和劳动的关系，是我们全部现代社会体系所围绕旋转的轴心。"[①] 对资本和劳动这对具有剥削性关系的范畴进行科学指认，是资本主义批判的关键议题和显著标识。在智能时代，技术的应用不仅推进了资本对劳动的收编和剥削，还彰显和强化了资本对于社会关系的"中心式在场"地位，技术同时也被框定在由资本所筹划和架构的社会关系之中。"资本一出现，就标志着社会生产过程的一个新时代。"[②] 这一"标志"的突出表征是社会生产过程不再单纯依附于工人的熟练程度或工艺技巧，而是主要基于以科学为依据的技术手段。据

[①] 《马克思恩格斯选集》第 2 卷，人民出版社 2012 年版，第 70 页。
[②] 《马克思恩格斯文集》第 5 卷，人民出版社 2009 年版，第 198 页。

此，资本深刻切入劳动者与技术的互动机制并成为决定性因素，并通过技术的进步充分扩张自身的版图从而形成"与自己相适合的生产方式"。① "资产阶级生存和统治的根本条件，是财富在私人手里的积累，是资本的形成与增殖；资本的条件是雇佣劳动。"② 当前数字资本主义在现代经济领域的重要特征表现为，资本逻辑支配数字技术从而使社会经济中占主导地位的生产方式发生质变，平台经济将生产着数据的个人用户普遍地转化为数字劳工，并直接性地引发剥削方式的变迁。现代社会智能、高效的面具下布满了资本对工人自由时间的变相压榨，数字媒介灵活、平等的表象背后是智能算法对大众行为的普遍规制，现代人的意识似乎成为由代码和数据生成的"缸中之脑"。高度信息化的网络化协作、万物互联的数字平台大规模征用智能算法，愈发遮蔽劳动者的主体性，劳动行为畸变为迎合算法运行的规定性操作，最终智能技术提供的新工作机会相比被削减的工作要少得多。正如美国作家尼古拉斯·卡尔所描述的："维基百科的出现使得那些编写百科全书的工作人员只能失业。"③ 倘若认为这一情形仅仅是技术进步不可避免的阵痛，那么西方国家为维护大投资家收益而推崇的金融"休克疗法"以及智能平台频繁窃取用户的个人隐私甚至操纵政治选举的乱象，则将数字资本主义的积弊

---

① 《马克思恩格斯文集》第 8 卷，人民出版社 2009 年版，第 187—188 页。
② 《马克思恩格斯选集》第 1 卷，人民出版社 1995 年版，第 284 页。
③ ［美］尼古拉斯·卡尔：《数字乌托邦》，姜忠伟译，中信出版集团 2018 年版，第 14 页。

暴露无遗。我们不禁想到丹·席勒的断言，"我们所处的时代不以扩张为标志，而以紧缩为特质；不以停滞为标志，而以令人昏眩的结构性变革为特质"。①

智能时代呈现出一个时代性悖论：智能技术实际上强化了大资本家和技术专家在生产中的支配权，商品生产日益滑向符号化和非物质化，资本对活劳动的剥削范围和控制程度持续扩大和加深。马克思在分析机器时代资本家借助技术获得劳动资料时指出："自然力作为劳动过程的因素，只有借助机器才能占有，并且只有机器的主人才能占有。"② 依此，机器通过将自然力转化为自己的动力，使得"在机器上，劳动资料的运动和活动离开工人而独立了。劳动资料本身成为一种工业上的永动机，如果它不是在自己的助手——人的身上遇到一定的自然界限，即人的身体的虚弱和人的意志，它就会不停顿地进行生产"。③ 劳动资料这种"不停顿地进行生产"的状态毫无疑问是通过机器占有自然力而非人力来维持的。实际上，尽管自然力似乎是自然存在、可以为任何人所使用的，若要对自然力加以规模化的征用却隐含条件限制，即需要拥有具备一定技术复杂性、能够实现能量转换的昂贵机器，这些机器仅为少数资本家所有和使用，使之与资本所购买的劳动力相结合以追求更丰富的

① ［美］丹·席勒：《数字化衰退：信息技术与经济危机》，吴畅畅译，中国传媒大学出版社 2017 年版，第 6 页。
② 《马克思恩格斯文集》第 8 卷，人民出版社 2009 年版，第 356 页。
③ 《马克思恩格斯文集》第 5 卷，人民出版社 2009 年版，第 464 页。

价值增殖。智能时代的资本家不仅满足于劳动资料对自然力的占有和利用，将资本的触角伸入到了现代智能技术领域以求更大程度上征用人的智力或科技力。同样地，成本高昂、程序复杂的核心技术仅仅被极少数大型科技公司占有，导致核心技术中的科技力及其智力成果只为小部分资本家服务，从而使"过去的、已经对象化的劳动的产品大规模地、像自然力那样无偿地发生作用"。[①] 纵观之，当自然力和科技力都聚集到资本家手中并被广泛应用到生产过程，资本家的"额外占有"便具有了独占性和领域扩张，特别是将智能技术所富集的创造性高效劳动资料据为己有。现代资本集团借助"赋予生产以科学的性质"，利用智能算法所制定的各类产品生产程序夜以继日地运行，使资本增殖的效率和能力得到有效倍增。这便是资本的数字智能化所呈现出来的一种趋势：少数者借由高投入以获取高占有，进而实现高收益。

在智能时代，资本家对劳动者施加的剥削方式正从显性的物质生产领域转向隐秘的虚拟经济领域，对劳动进行商品化控制和数字化编程则成为重要着力点。这具体表现为：第一，数字资本对劳动者生产环境实施精密操控。在资本主义发展的早期阶段，工人的劳动受到劳动时间和地点的双重制约，工人被局限在特定的物理时空点位。在算法机制下，数字平台成为触手可及的新型劳动场所，劳动者仅需在数字平台完成简单的注册登录便可进入其中劳作，资本从而实现了在不同时空场景的间

---

① 《马克思恩格斯文集》第 5 卷，人民出版社 2009 年版，第 445 页。

隙进行扩张，最大程度地节省资本周转时间。资本家还熟练运用行业大数据、数字轨迹来不断增强劳动者的全天候工作弹性，达到劳动任务的时空分散化。"新信息技术可以让工作任务分散化，同时即时地在互动式通信网络里协调整合。"① 更应警惕的是，伴随大数据和算法发展日益的可视化以及人工智能浪潮对工作岗位的大规模取代，工作正在成为一种难得的宝贵机会。"数字自动化的浪潮正在促进自身的合法化，以便将工作本身变成奢侈品，几乎没有社会条款来保护那些在这一过程中失业的人们。"② 劳动者不但在自动化面前丧失主体性即"困在算法里"，而且连赖以营生的工作岗位也面临锐减的风险。第二，数字资本对主体消费行为进行隐性规训。在现代社会，消费自由似乎是一个悖论，消费什么、怎样消费和消费多少本应由主体的自由意志决定，而实情却是消费者总是无法脱离资本的隐性控制。纵使消费行为在法律规定中属于不受约束的私人领域，而它在现实世界却无法逃避资本的软性制约机制：买哪种品牌的日用品、投资什么领域的股票甚至生病时去哪家医院就诊，在某种程度上是利益平台通过算法推荐技术主动营销的结果。人们的消费行为愈加被数字权力操纵，而这种权力恰是资本权力在智能技术空间的新的展开。第三，数字资本对劳动者精神意志施加暴力控制。马克思在批判机器对工人主体性的僭越时指出："在工场手工业和手工业

① ［西班牙］曼纽尔·卡斯特：《网络社会的崛起》，夏铸九、王志弘译，社会科学文献出版社 2000 年版，第 320 页。

② ［美］丹·席勒：《信息资本主义的兴起与扩张》，北京大学出版社 2018 年版，第 226 页。

中，是工人利用工具，在工厂中，是工人服侍机器。"① 时至今日，纵然智能技术网络成为全球互联互通的基础设施，劳动者的劳动环境和生活处境也得到巨大改善，但他们所遭受到的精神蹂躏却并未完全消除，反而由于智能算法对生活模式和交往活动进行了最为彻底的重编，恶性循环机制导致劳动者丧失了真正的获得感和幸福感，甚至"七情六欲"愈发数据化和透明化，生活的匮乏感和压迫感陡增。

二、"空间脱域性"与"内在否定性"的双向追问

正如现代社会密布着技术进步和资本增殖日益连为一体的社会关系，现代性的确证势必意味着资本的自我扩张与技术的自我延展。马克思在《1857—1858 经济学手稿》中分析资本流通过程时指明，"资本按其本性来说，力求超越一切空间界限"②；"资本一方面要力求摧毁交往即交换的一切地方限制，征服整个地球作为它的市场，另一方面，它又力求用时间去消灭空间"③。资本追求更大程度自我增殖的趋向是不可遏制的，所以资本的自我生产既力求摧毁生产交换的全部地域性约制，极力将整个世界范围吸纳至自己的市场版图，又要求"以时间消灭空间"，即资本要求将产品由一个区域输送到另一个区域所耗费的时间成本降低至底线。大卫·哈维曾贴切地描述资本与时空的关系："资本创造了时

---

① 《马克思恩格斯文集》第 5 卷，人民出版社 2009 年版，第 486 页。
② 《马克思恩格斯全集》第 30 卷，人民出版社 1995 年版，第 521 页。
③ 同上书，第 538 页。

空。关系性的时空是马克思价值理论的首要领域。"①詹姆逊以文化批判视角将资本的这一扩张现象阐述为"全球化的政治图谋"或"世界体系中空间萎缩的情感"。与之类似，现代智能技术突出呈现为"泛在"技术，即借助数据交换和移动互联网，在信号网络覆盖的范围内超越狭隘时空限制完成信息交流、数据处理，以及实现生活和生产服务的技术形式。

资本和技术深度结盟后一个突出的现代特性即"空间脱域性"。英国社会学家安东尼·吉登斯在《现代性的后果》首次提出"脱域"这一行为空间范畴，"所谓脱域，我指的是社会关系从彼此互动的地域性关联中，从通过对不确定的时间的无限穿越而被重构的关联中脱离出来"。②吉登斯认为，脱域表现为社会成员日常交往活动在现代民族国家视野中的深刻重组，而社会关系得以"无限穿越"以至重组的可能性正在于技术更迭使交往情境能够自由地分离、组合。换言之，社会成员的交往行为不再拘泥于传统模式下时间的狭隘规制与互动的地域性边界，重新在超时空维度的交流媒介与符号上无意识地联结和延展，造成交往活动的异时空套嵌，导致社会关系发生空前的时空重构。一般而言，生产关系与社会空间是相互作用和彼此规定的一对范畴，生产关系格局的流动和迁移建构了迥异的空间构型。空间脱域性作为数字资本主

---

① ［英］大卫·哈维：《资本的限度》，张寅译，中信出版社2017年版，第20页。
② ［英］安东尼·吉登斯：《现代性的后果》，田禾译，黄平校，译林出版社2011年版，第18页。

义现代性的重要特性之一，在经济生产领域突出表征着现代社会生产方式生成与变迁的新机制：一是跨地域性，经济全球化进程和生产方式日益脱离其经济主体所属疆域的国别和地域因素，社会关系被跨地域、跨属性的混搭模式隐匿置换，这一现象即异域异质性套嵌。二是经济符号化，即生产集团借助凌驾于个体和群体之上的符号化虚拟媒介，如货币、股票等价值符号开展非物质经济的运营。三是虚拟经济，即利用非物理实体空间作为经济场所进行盈利，可以将之理解为波普尔意义上自封闭且自我生成的"世界3"般的运行机制。

现代生产方式所有这类脱域性的转变皆是以"泛在技术"为缘起的，泛在与脱域成为一个彼此内嵌和有机交互的结构，共同构成思想观念空间中智能技术的一个重要面向。泛在技术，又名泛在网技术，它依托于信息技术和数据网络并将植入全球范围内的移动智能终端设备，以实时性、即时性、互动性、包容性为重要属性，以实现在任何时间、地域、主体之间都能进行信息跨界流动和瞬时转换为目标。在网络通信、射频识别、万物互联等智能技术的互嵌与重叠下，泛在网络社会的建构已然渗透到现代生产关系甚至人们日常交往的各个领域。泛在技术使交往行为极大化超拔于人、物及事件建构的特定物理空间域，消弭主体间彼此触碰和相互作用的时间界限，成为无处不在的"无域之域"。数字资本在全球范围内追求价值增殖的目标又在通信、交往、理解、控制等领域的一体性和全域化层面，提出了无时间地域信息延迟的泛在技术、认知和服务要求，基于此才真正地实现脱域。可以说，"泛在"是"脱域"的同义语，泛在所意指的无处不在、无所不能直接导致了行为的无所不有。这在经济领域中则体现为借助交往情境的虚拟化、营运管理的数字化实现了生产和服务的全域化，为生产关系打破了不同于传统意义上在地性建构的诸多隔阂，从而使其生长出崭新的非地理性属性。以泛在技术为支撑的空间脱域性既对传统主要以国家领土疆域为依据定义生产关系的社会理论带来挑战，又在凌驾于地理资源竞争之上的维度强化了数字空间的权力博弈和资本对抗。这既使世俗全球化扩展了多元复杂的维面，又使现代社会生产理论的理解、建构和批判在空间属性层面呈现出空前难度。一旦社会物质资料生产与智能技术的结合被赋予空前的广度和深度，那么未来的必然情景便是社会生产活动对地理空间意义上民族国家的超越，社会生产全球化的潜能性必然将不断生成为现实。

除了空间脱域性，资本和技术的互动机制在现代社会还具有另一个重要的内在规定性，即内在否定性。"资本决不是简单的关系，而是一种过程，资本在这个过程的各种不同的要素上始终是资本。"[①] 资本主义生产的真正限制是资本自身，资本的历史前提制约着资本能动性的实现程度与发展广度，这是对资本内在否定性的恰当表述。马克思认为，技术无疑具有促进社会生产力发展的作用，尽管这一作用的发挥常常附庸于资本，但技术和资本不构成永恒的同盟关系，在资本完成其历史使命之后，技术依旧被赋予推动社会进步的积极意义。在数字资本主义的特

---

① 《马克思恩格斯全集》第 30 卷，人民出版社 1995 年版，第 214 页。

定历史时期，智能技术创造了一个以数据为基础的全新界面，它超脱了现实对资本的时空限制，使存在于不同地域的不同群体可以随时在数字平台展示的界面中进行互动，整个世界形成一个巨大的市场。按照马克思的观点，时间"不仅是人的生命的尺度，而且是人的发展的空间"，[①]而"空间是一切生产和一切人类活动的要素"。[②]时间和空间共同构成了人们思维与实践的生存场域。然而，数字资本对社会生产和物质生活的全域化操纵，超脱了实体空间的限制，向虚体空间日益扩张，数字资本生产方式对传统生产方式的取而代之使"物质生活的生产方式制约着整个社会生活、政治生活和精神生活的过程"。[③]由此，一切空间都被强制纳入资本逻辑的控制疆域。不同于资本原始积累时期资本以收编和占领地理空间实现自身增殖的圈地运动，当代资本主义以更加温和的方式如火如荼地开展数字圈地运动以掩盖资源侵占的事实，旨在完成对实体与虚体空间的全面掌控。在数字技术的加持下，相较于传统资本对实体空间的掌控，现代资本不再必须凭借一个现实的工厂便能够实现资本流通和运作，而是借助智能算法和大数据技术就足以支撑资本的自动化运转。资本不仅对数字平台的虚拟场景密布了更为隐匿且彻底的控制，并将依附于数字平台的一系列产业资本也收于麾下。因此，在资本逻辑仍然占领统治地位的智能时代，无论是实体空间还是虚体空间都被资本成

---

① 《马克思恩格斯全集》第 47 卷，人民出版社 1979 年版，第 532 页。
② 《马克思恩格斯文集》第 7 卷，人民出版社 2009 年版，第 875 页。
③ 《马克思恩格斯全集》第 31 卷，人民出版社 1998 年版，第 412 页。

功地规制，并在其中不断扩大资本剥削的广度和深度。

第三节　全景敞视下的观念景观与算无遗策

现在，展现在我们面前的是一台生活记录仪。在画面里，疲惫的你刚刚下班，在公司使用手机签退，同时叫了一辆网约车。你无需同司机有任何交流，戴上耳机刷上几十分钟短视频就能安全到家。门微启，家里的灯就随着智能机器人的一声"欢迎回家"亮起。在智能技术无处不在的今天，这已不是未来。智能技术的发展如一声惊雷，使各式各样的智能设备像雨后春笋般涌现迭代，春风化雨般地全面进入了我们的生活。智能技术给人类带来的惊喜和便利极大地肯定了人类文明为这颗星球做出的"丰功伟绩"，但与此同时，人们逐渐沉溺于数字信息世界，以至于脱离数字信息世界便不再有真实的情感与有效的行动。

在基于数字技术搭建的网络社交平台上，每天都有无数的数据和信息在流动，人们看似可以基于自身理性而自由地在平台上发表自己的言论、表达自己的态度、传播自己的观念。然而在这个时代，自由的不是人，而是信息。与其说我们无时无刻不在阅读信息，不如说我们随时随地都在被信息"阅读"。原先无法被机器直接读取的鲜活的人，在信息收集和算法的加工处理下，成为了可供机器读取的一个个小型数据库。每个人在数字世界进行交互的过程中，都会生产出大量的数据，这些数据的源头无非是人们的经验、情绪、意见、观点、选择等属人的东西。在智能算法和生成式智能的支持下，这些数据成为了全世界的人得以共享的盛宴。然而，这是一个双向的过程，人使用信息和数据的过程，也是人逐渐被数据抽象和分析的过程。在这个透明的信息系统中，他以信息肯定性地展示自身的同时，也将自身鲜活的多面体全部刨去了。韩裔哲学家韩炳哲将这一现象称为"透明社会"，"透明社会是一座同质化的地狱"，它的可怕之处在于，它消除了一切事物的"不可通约性和所有独特性"①。当数据以其高度通约性全面渗透人类生活时，人的情绪、意见、立场态度等观念上的产物便会被高度抽象为信息和数据，成为居伊·德波在《景观社会》中所说的作为一种"实体化存在"的"景观"②，极大地影响着人们的认识、思考、判断与决策。

一、走向全面渗透：技术在观念传播中的结构性作用

关于人的思想观念问题，柏拉图曾借"洞穴隐喻"向我们展示这样一种思考自身的方式，即以往我们所获得的关于世界的认识，可能只是一种虚构，而只有转身进入"光"的指引，才能明晰真理，即所谓真实的观念或理念。熟悉这个比喻的人会发现，无论是洞穴内由人持人偶基于光照射所呈现的"影像"，还是洞穴外借助太阳这一中介所呈现的"日光"下的真相，外在客观世界经由视网膜向我们呈现出来之时，总是需要借助某种技术性的中介。也就是说，人对客观世界的观念有赖于广义上技术的支持。语言作为一门沟通的技术，在其出现之初，就为观念的表达和传播提供了结构性的基础。我们很自然地想到，当那个挣脱

---

① ［德］韩炳哲：《透明社会》，吴琼译，中信出版社 2019 年版，第 2 页。

② Guy Debord, *Society of the Spectacle*, London: Rebel Press, 1991, p.11.

了枷锁的囚徒试图说服洞穴内的其他囚徒走出洞穴时，同样需要借助作为技术的语言。因此，人们的思想观念、态度立场与决策判断必定需要通过某种方式言说。哪怕是"被日光照坏眼睛的"囚徒，他们也有表达自己思想、情绪和立场的某种技术性方式。也就是说，技术首先在观念的生成和传播中展现出一种结构性的必要性，作为思想观念的载体而表现出来。

然而，技术在观念生产与传播中的结构性作用，在某种程度上也造成了传播过程中观念自身的内在风险，即技术在信息传播层面的发展进程决定了各种观念的凝聚力和影响力，这又体现为观念传播中的准确性和真实性问题。良好的思想观念传播是一种以信息准确性为基础的包含情绪、态度与意向的传播。相较不同形式而言，口口相传同书面记载在观念传播过程中所发挥的效果是不同的，同时有可能造成的问题与风险是不同的，广场上的讲演往往会更容易打动人并被赋予某种历史事件的厚重感，而在如海报、宣传册、报刊等以印刷技术为中介的信息传播中，口口相传所具有的那种感染力让位于书面文字的准确性和逻辑性。而随着智能技术的发展，数据作为信息的底层架构，成为了思想观念生成与传播的主要载体。数据信息转播的高速与数据对观念的同质性抽象是相辅相成的，二者共同使人们的认识与意见在智能技术空间迅速传播开来，从而数据能够作为一种抽象的物渗透入人类生活的方方面面。

通过对与信息传播相关的技术的考察，我们可以说技术同观念及其风险呈现出一种复杂的结构性关系：首先在内容生产上，社会中一定的思想观念由这个社会一定的经济基础乃至生产方式所决定，其次在传播路径上，技术规定着观念的传播方式，不同的观念又存在着对特定技术的依赖性，而数据传播方式则降低了不同观念之间传播与碰撞的壁垒；最后在风险生成上，作为新的结构性因素，基于大数据的智能技术左右着观念在传播中的速度、准确度、影响力与持久度等维度。以此为基础，现在我们可以将视线回转，对如今思想观念的数据传播方式做进一步考察。在今天，人们即便面对自身隐私数据的泄露，那种隐隐的不舒适感也会很快为碎片化、娱乐化的信息与方便快捷的生活方式带来的快感所消解。电子信息设备的普及、通信基础设施的完善以及人工智能算法的优化和学习，使得作为移动互联终端的各式各样的"物"逐渐从外在于人的对象，成为人自身的延伸，构筑起万物互联的物联网。物联网的兴起将人们真正带到德波所说的"景观社会"之中，只不过在这个社会中，萦绕在人们周围并二十四小时滚动的是各式各样的情绪和意见。也就是说，当人们意识到信息和数据逐渐成为社会运作的核心之时，人们也越来越进入到观念景观的话语体系之中。在这样的语境中，观念的生成和传播里程碑式地转变为信息和数据的传播，智能技术也不再是纯粹的中介，反倒成为了生产性的主体，通过对已有数据的读取、储存、分析和学习，开始智能地为人们指点迷津、出谋划策，提供人们想要的和想听的答案。可以说，外在基础设施的完备和数据这一结构性要素的核心地位共同使数字全景敞视在技术层面成为可能。

二、数字全景敞视：智能技术下的数据网络与观念景观

智能技术所带来的全面渗透，使福柯笔下的"全景敞视监狱"在当代如幽灵般再现。正如韩炳哲所说，"数字秩序的标语是透明，它排除所有的'被遮蔽状态'。此外，数字秩序还将语言物化为信息，使之变得透明，即变得可用"①。智能技术解构和超越了传统信息社会的运行秩序，以信息和数据的全面透明代替了信息和用户之间的单向流动。福柯所言的"全景敞视监狱"便是这种透明权力秩序的真实写照，然而在智能化时代，被监视与规训的不是"凡尔赛动物园"内的珍禽走兽、也不是边沁"圆形监狱"中的罪因，而是以数据网络为权力中介的数字公民的一切生活。

在智能技术的加持下，数据作为看不见的权力之手影响着思想观念的生成和发展，而这一点之所以可能，就在于"数"这一范畴在智能时代发生了某种转型，它脱离了原先"数"在数学中的论域，从而转变为能够容纳事件、意见和知识的信息；它超越了作为数字的"数"的局限性，但又借数据的客观性披上了真理的外衣。在这一过程中，数字全景敞视主义是数据超越其源初意义的必然阶段。只有当数据能够将一切信息都涵括在自身范围之内时，它才能得到人们的重视与利用，而只有数据与数据之间形成了相互联结的网络，数据才能摆脱仅仅作为统计工具的局限性，才能够直接地以意见、知识和观念，同人们的日常生活紧密

---

① ［德］韩炳哲：《妥协社会：今日之痛》，吴琼译，中信出版社 2023 年版，第 60 页。

地链接在一起。"信息没有隐匿的背面，当它们转变为数据时，世界就变得透明了。"① 在思想观念的建构过程中，数据试图知识化和真理化的这一行径不仅引发了一系列认知风险，而且逐渐演变为一种能够左右思想观念的权力。为了说明这一点，我们首先需要回到福柯的语境，理解福柯所阐述的监视或者观看为何能够成为规范化的技术，从而同权力产生千丝万缕的关系。

说到全景敞视监狱的原型，不得不提 17 世纪的凡尔赛动物园，它是由法国建筑师勒沃所设计的一所仅供贵族观赏的动物园。据福柯的考察，这个动物园的中心是一个八角亭，八角亭内是供国王休憩的沙龙，除一面入口外，其余则是大开的透明窗户，以便七个铁笼中的动物接受国王目光的"恩赏"。无独有偶，边沁于 1791 年公开了其名为"圆形监狱"的图纸。根据大英百科全书的记载，这一建筑由众多细胞般组合的透明玻璃房间组成，在日光的照射下，位于监狱中央的巡视者可以观察到整个监狱所有犯人的情况。与此稍稍不同，这一概念在福柯笔下由一个环形建筑和中心瞭望塔组成，环形建筑由众多透光的囚室构成，这使得位于瞭望塔的监守能够轻易捕捉到被关之人的一举一动。通过对比这两个模型，从"国王—动物"到"监守—囚犯"，看似稳定的对象性关系实则发生了转变。国王对于动物来说有着压制性的力量，这种力量来自国王的权力，并且在国王的观看和凝视中，动物尚不会感受到精神上

---

① ［德］韩炳哲：《妥协社会：今日之痛》，吴琼译，中信出版社 2023 年版，第 61 页。

的压制。与此不同，监守和囚犯之间的力量差距甚微，甚至一些暴力分子在力量上常常远超看管人员。然而在圆形监狱中，监守的目光不仅可以有效控制囚犯的一举一动，还能在精神上对其产生压迫。因此，一种合理的解释是，在"监守—囚犯"这一模型中，二者之间的对象性关系被法律或道德等东西中介了。在拉康的语境中，如果监守对囚犯来说是某种"他者"的话，那么在"他者"背后，作为规训实体的某种东西便是所谓的"大他者"。对于这座监狱里的每个人来说，其内心所幻想的"大他者"可能不尽相同，但是圆形监狱使一切人都暴露在"日光"之下，普遍地和自动地生成了一种看似透明实则密不可揭的权力黑箱。福柯通过对这一具有规训性质的技术加以考察，并将其推演到国家和社会领域，他这样形容全景敞视建筑所造成的社会效应："在被囚禁者身上造成一种有意识的和持续的可见状态，从而确保权力自动地发挥作用。"① 也就是说，在全景敞视主义下，每个人由于互相的目光和凝视而一览无遗，从而不得不服从于权力的规训。

回到当今的智能时代，智能技术将我们的数据紧紧联结在一起的同时，也使我们处在一种数据化的监狱之中。在这个网络中，权力的实行并不依赖"国王—动物"模型中居于统治地位的国王向四周注视，而是数据网络中各类思想观念的自我展示与相互影响。数据网络中的人们既是观念景观的参与者，也是观念景观的建设者。"国王—动物"模型

---

① ［法］米歇尔·福柯：《规训与惩罚：监狱的诞生》（修订译本），刘北成、杨远婴译，生活·读书·新知三联书店 2019 年版，第 216 页。

中的问题是缺少受众的参与和自觉意识，受众如动物一般麻木地接受主流观念的驯化；在"监守—囚犯"模型中，监守和囚犯处于同一个权力体系和话语体系之下，监守的目光对囚犯具有威慑力，正是因为监守和囚犯都对法律这一大他者表示服从，所以监狱这套技术性规训才得以可能。

与"国王—动物"和"监守—囚犯"模型不一样的是，智能技术所形成的观念景观使得观念上的支配更加自动化和隐蔽化了。例如，作为一种放松休闲的方式，浏览手机是绝大多数人非常便捷的选择。手机使人们从国家、社会、工作的制度体系和话语体系中逃逸出来，但是这种以智能技术为中介的逃逸从未使人脱离观念景观对思想的支配，基于数据网络所诞生的新型权力机制越来越支配着人们的思想观念生活。恩格斯在《英国无产阶级状况》中就曾描述过："工人的劳动减轻了，肌肉不紧张了，工作本身是无足轻重的，但也是极其单调的。这种工作不让工人有精神活动的余地，并且要他投入很大的注意力，除了把工作做好，别的什么也不能想。这种强制劳动剥夺了工人的一切可支配的时间，工人只有一点时间用于吃饭和睡觉，而没有时间从事户外活动，在大自然中获得一点享受，更不用说从事精神活动了，这种工作怎能不使人沦为牲口呢！"[1] 如果说恩格斯指出了 19 世纪的工人因缺乏闲暇而无法享受精神生活的话，那么现代社会中智能技术的出现，的确使人们在

---

[1] 《马克思恩格斯文集》第 1 卷，人民出版社 2009 年版，第 433 页。

制度化工作的缝隙和之外具有了填充自己精神生活的可能。人们可以在工作的缝隙中掏出手机，在社交平台上发表即时的心情，又或是对上司和同事的欣赏与吐槽。但需要注意的是，智能技术只是为日常规训下的人们提供了"美丽新世界"中的"唆麻"（SOMA，一种精神安慰剂），使人们在休息之余就能在感官刺激的多巴胺释放中找到那个虚幻的自我。可以说，今天人们仍然生活在边沁和福柯所言的普遍性规训体系之中，只不过束缚和监视人们的不再是钢筋水泥和城墙高筑，而是我们手边的智能设备和移动网络。正如福柯所言，"全景敞式建筑是一个神奇的机器，无论人们出于何种目的来使用它，都会产生同样的权力效应。一种虚构的关系自动地产生出一种真实的征服"①。

在智能技术的规训之下，人们的日常生活受到由技术引发的观念偏斜与情绪爆炸。之所以如此，原因就在于数字全景敞视主义的基础不是单个的数据，而是一种以数据网络为核心的大数据。在如今浩如烟海的数据流中，单个数据很难说有什么特别的或是重要的意义，而当众多数据经算法筛选汇合成关于某一问题或某一领域的大数据之时，数据的潜在价值和观念属性才得以彰显。大数据的网络内部所布展的众多联结点与子主题，为人们观念的展开和意识形态的博弈乃至对抗提供了支点。大数据是人们意见与观念在智能时代的傍身之地。如今我们已经不需要福柯笔下的监守对囚犯的注视，作为智能技术的大数据正在成为一种全

---

① ［法］米歇尔·福柯：《规训与惩罚：监狱的诞生》（修订译本），刘北成、杨远婴译，生活·读书·新知三联书店 2019 年版，第 218 页。

新的权力，正试图成为凌驾于所有人之上的"大他者"。人们自愿地数据化自身，通过"自我暴露"和"自我展示"赋予数字全景监狱以规范性的权力。"这里的囚犯既是受害者，也是作案人。其中蕴含着自由的辩证法，原来自由即监控。"①在观念景观的氛围下，点赞、转发和肯定性评论看似将现代民主推向了一个高潮，然而一切否定的意见都被抹杀掉了。基于大数据的算法推荐机制使得无止境的意见纷争和情绪对抗挤压了价值与真相，以至于我们很难跳脱出自我的认知圈层和舒适地带。正是在这种意义上，基于数据网络和智能技术所形成的观念景观消解了观念的自主性和真实性，致使"带节奏"等后真相事件层出不穷，而这种缺失否定性的服从又极大地支配着人们在政治、经济与日常生活中所做的决策。

三、"算无遗策"：智能技术对决策的影响与支配

2020年9月8日，一篇名为《外卖骑手，困在系统里》的图文席卷了整个社交网络。在智能导航系统的支持下，作为一种门槛较低而在同类型工作中收入较高的职业，外卖骑手成为了许多人的职业选择。然而，以资本要素为主导的智能算法规划使得外卖骑手经常处于劳累奔波的状态。外卖骑手的困境在于，外卖派送员的身体状况与自身决策在智能算法的理性运算中产生了矛盾。一方面，骑手根据外卖程序所呈现的派送要求与智能导航系统的指示尽快地完成订单，而另一方面智能导航

---

① ［德］韩炳哲：《透明社会》，吴琼译，中信出版社2019年版，第85页。

系统则根据外卖骑手的实际路线（往往是最快路线）进行数据同步和路线优化，外卖程序中的算法也据此同时缩短单个订单的派送时间，使外卖程序所显示的派送时间、到达时间愈发精准以至"算无遗策"，从而满足外卖公司利润增长最大化的目标。

上述两方面共同导致了一个结果，即骑手作为算法优化的具体实施者，当其生动而具体的活动信息被抽象为距离、时间和速度后，最终成为了智能算法的奴隶。在进行判断与决策时，智能算法并未将骑手的生命体征、道路安全、交通信号灯和天气等偶发状况考虑进去，而这些往往是外卖骑手在争分夺秒中陷入危险的隐兆。由此可见，智能技术"算无遗策"的背后，实际上是外卖骑手对"算有遗策"的强行填补，实质上是智能技术对人的主体性的遮蔽与剥夺。人以其本质力量，例如对道路的熟悉、与同伴的合作以及自身的行驶技巧，为智能技术的决策升级提供了智识上的准备，然而人最终却不得不面临着生命（超速、闯红灯）与生活（收入、家庭）的抉择。

同样的事情也发生在数字信息的分发模式中。信息的分发在新闻传播领域是极为重要的一环，它决定了价值理念与信息资讯如何传播、传播给谁。在传统信息分发模式下，信息的内容决定了分发的方式和对象。通常而言，社会主流思想观念可以通过"圆心—圆周"的模式对所有公民进行传播，由此主流思想观念在社会观念的建构中拥有绝对的话语权。步入智能时代之后，以新媒体、自媒体和全媒体为方向的媒介变革，对传统的信息分发模式产生了巨大冲击。在这个"信息找人"的时代，智能技术的"算无遗策"使得思想观念信息的分发越来越自动化和个性化，极大地冲击了传统"圆心—圆周"的分发模式，取而代之的是人们在智能算法的推荐下观看其可能感兴趣的内容，并潜移默化地受到各种错综复杂的思想观念洗礼。这就致使人们往往服从于激发欲望的快感逻辑，沉浸于数字信息平台的高热度、强刺激内容而无法自拔。因此在信息分发领域，"算无遗策"只是利用了人们内心的欲望与感性，将其激发到极致，从而使"算有遗策"合理化。这种基于大数据的信息分发决策不仅使主流思想观念面临着走向边缘化的境地，还深刻地影响着人们观念上的决策。例如在日常生活中，人们对于消费品的选择，无论是柴米油盐蛋奶等日常必需品，还是各类教育或服务产品，都受到了基于大数据的信息分发决策的影响。再比如人们对公众人物的看法与判断，往往并不取决于公众人物的实际事迹与业绩，而是取决于他们在网络中的曝光度与舆论导向。这些都体现出智能时代观念建构的决策悖论：智能技术基于对人类言论与行为的数据分析进行决策，从而在一种前提性的意义上干扰了人类观念与行为的真实性与自主性，而这种产生了偏斜的观念与行为又进一步成为智能技术实施决策的依据。

智能技术在信息分发层面的"算无遗策"，对国际政治也产生了巨大的影响。譬如在 2016 年的美国总统大选中，剑桥分析公司被爆出曾经通过获取 8700 万脸书（Facebook）用户的信息，分析其中的用户数据，例如他们的联系人、点赞和转发内容，经过算法计算从而得出他们的政治立场，并通过向用户发送虚假信息制造舆论，达到帮助特朗普获选美国总统的目的。[①] 而在 2020 年的美国大选中，尽管最初拜登的支持者基础薄弱，各种丑闻剪辑也使其在网民中的口碑不佳，但其团队通过社交媒体平台的运营，快速地提高了他在网络用户中的知名度，并且他的团队还侧重于通过网络名人和明星等具有影响力的公众人物进行隐秘的价值引导，最终使其顺利赢得大选。通过数据公司来对用户的数据进行分析，并推送定制化的内容，这无疑需要耗费大量的金钱，然而美国总统候选人及其团队之所以愿意为这笔巨款买单，不过是因为数据公司的技术助力可以像"看不见的手"那样发挥出巨大的观念建构效应，从而辅助政治人物获取权力。可见，这笔能够建构大众观念的巨款显然已经变成了资本，支配着人与人之间的社会关系以及他们的政治观点。

---

① 彭博社：《Facebook 的 Cambridge Analytica 丑闻：10 大疑问解答》，财富中文网，http://www.fortunechina.com/management/c/2018-04/16/content_305275.htm, 2018 年 4 月 16 日。

第五章

超越人技关系的他者定位

在深度学习和大数据分析的耦合作用下，智能技术急遽飙升的自主性与能动性正在不断冲击人类的认知极限，智能技术与人类智能的高度相似也逐渐模糊了传统的人技界限。面对智能技术这种类人而非人的存在，智能技术与人类的关系，即人技关系的判定成为了极具不确定性与争议性的难题，而对人技关系的回应又直接关乎人类当下和未来的生存境遇，因此如何正确把握智能技术的本质及其与人类的关系是智能时代亟需解答的关键问题。在当前关于人技关系的多重争论中，最具冲击力的论断莫过于对智能技术的他者定位：智能技术终将成为与人类相对抗甚至奴役人类的绝对他者。例如，唐·伊德主张人技关系是一种他者关系，"机械实体变成了人类与之相关联的一个准他者或准世界"[1]，齐泽克则指出智能技术将作为新的后人类存在于大他者的象征界。[2] 然而，一旦认可智能技术的他者定位，我们将不可避免地陷入技术反乌托邦与技术末世论的悲观论调之中，既然人类已经打开了人工智能的"潘多拉魔盒"，那么人类历史的一切意义都将终结于不可抗的命运之中。基于

---

[1] Don Ihde. Bodies in Technology, London: University of Minnesota Press, 2002: 81.

[2] Slavojižek. Disparity, London, NewYork: Bloomsbury Publishing, 2016: 362.

此，我们究竟应该如何走出技术他者论设定的西西弗斯循环？

追溯马克思所处的时代，人类同样遭遇过第一次工业革命所造成的技术冲击，但马克思没有局限于技术拜物教与技术排斥论的二元对立之中，而是从哲学与政治经济学的双重逻辑视角揭示了技术的本质及其在现实运用过程中形成的社会矛盾，更为重要的是，马克思思想中蕴含着一种不同于主客二分框架的对象性关系论，这无疑为我们审视技术他者定位的前提合法性、分析智能技术的本质以及构建新型的人技关系提供着重要的理论启发。

第一节　技术的他者定位

近年来，在大数据井喷式增加与算法技术颠覆性发展所形成的智能合力的加持下，智能技术正以超越人类设想的速度狂飙猛进，并以难以阻挡的趋势将人类的社会交往与生产活动强制包裹在技术编织的网络中。可以说，智能技术已经从纯粹的技术领域走向公共领域，成为定义智能时代的关键基石。

审视半个世纪以来智能技术的发展趋势，可以发现智能技术始终围绕着提升自主性和能动性的主轴更新迭代。在机器学习与大脑神经网络科学的深度结合下，分层神经网络模型的学习算法依据神经元之间的交流方式演化发展，带来了智能技术的第三个浪潮。基于神经网络技术的深度学习不需要研发者定义和设置任何具体规则，就能通过算法技术对大数据的训练让机器主动从数据中学习，并且根据观察和体验所积累的经验对算法模型进行调整，最终达成逻辑推理、自主决策等智能行为。可以说，智能技术自始至终走的是一条与知识复制与迁移相反的道路，将着力点聚焦于学习结构和学习算法自主性的优化上，进而避免了知识形式化的繁琐性与不确定。2022 年底，大型语言生成模型 ChatGPT 的出现再次强化了大众对智能技术的认知。ChatGPT 依托核心技术 RLHF（基于人类反馈的强化学习）与大规模的训练参数，在愈加智能的层面上达成了一系列生成性行为。具体而言，ChatGPT 不仅能够精准地搜索用户的目标信息，还能在问题导向下从海量、杂乱、零散的信息中自主生成创造性答案，甚至能够根据用户的态度与情感倾向主动承认错误并优化答案。最重要的是，ChatGPT 不是封闭与停滞的，而是在与用户交互的过程中不断进步与强化。它的强自主性学习能力、大信息容量以及精确的自然语言能力使其具备了部分人类智能，并让人看到了实现通用智能技术的希望，届时智能技术将在信息储存与处理、逻辑推理能力与创造力等维度全面超越人类智能。

人类智能与智能技术在各领域的频繁接触促使人们思考智能技术这种类人而非人的新型存在物的本质及其与人的关系。在当前关于智能时代人技关系的探讨中，备受关注的人技对立论从智能技术的高度自主性中延伸出智能技术终将成为统治人类的他者的结论，并认为智能技术与人的关系是绝对对抗的他者关系。正如近几年《机械姬》《银翼杀手 2049》《湮灭》等科幻景观所折射的末日恐惧一般，人们对新型智能存在物的思考以及对技术颠覆甚至毁灭人类社会的设想充斥着焦虑与悲观,《弗兰肯斯坦》的科学怪人形象在智能技术的每次发展浪潮中反复出场。智能技术的他者定位蕴含着:其一,承认智能技术具有一定范围的自主性和主体性,摆脱了纯粹的工具属性。相较于一般性技术工具,智能技术在认知科学理论的支撑下能够在被定义的程序范围内对不确定性事件做出自主反应,近年来深度学习的兴起甚至使智能技术在不需要人类定义具体规则的条件下就能自主行动,进而大幅度降低了对人类协助的依赖。可以说,智能技术已然成为了一种自主行为体。在哲学中,自主性是构成主体性的核心要素,在此意义上必须承认智能技术摆脱了纯粹的工具属性并生成了一定的拟主体性。其二,认为智能技术成为外在和独立于人类主体,并与主体的生存、伦理、文明相对抗的"替代性"存在。在主张智能技术具有他者性的人看来,智能技术自主性的扩张意味着它具有依据自身目的而非外部规范选择自己行为的空间,而恰恰是这种自主空间使智能技术有可能成为外在于主体、不受主体控制甚至与主体相对抗的存在。正如斯蒂格勒借助普罗米修斯盗窃火种的神话对技术的解读,"火并不是人类的力量,它不是人类的财产,而毋宁说是一种驯服力量,一旦它挣脱技术的控制,就会显露出它的暴力。在这种暴力面前,人则显得无能为力"。[①] 面对智能技术飞快的进化速度,人们愈发感受到这份火的礼物就像被打开的"潘多拉魔盒",对人类的生存发展造成了深度威胁,成为与人相异的"替代性"存在。其三,认

---

① ［法］贝尔纳·斯蒂格勒:《技术与时间:爱比米修斯的过失》,裴程译,译林出版社 1999 年版,第 228 页。

为智能技术将在到达奇点之后彻底超越、压倒与奴役人类，成为后人类时代占据绝对统治地位的主宰者。在到达智能技术的奇点后，已经超越人类智能的智能技术不仅在外观形象上与人类无异，还将在信息储存与处理、思维逻辑能力、自主学习能力等方面彻底超越人类，甚至获得情绪、自我意识、自由意志等人类自诩不可突破的"最后防线"。届时，智能技术将迅速占据拉康所谓象征界的大他者地位，成为压迫人类的绝对统治者。"随着它们获得宇宙间最不可预测的、我们自己都无法达到的高级力量，它们会作出意想不到的行为，而且这些行为很可能无法与我们的生存兼容。"①

　　智能技术的他者定位在本质上是主客二元对立关系在智能时代的表征，这种预设导致了人类对非生命体颠倒主客关系的恐惧与焦虑。具体而言，人类凭借对自身理性思维能力以及机器工具机械属性的认识，将自身设定为技术的绝对主导者，因此技术工具对人类主体的僭越在根本上是无法饶恕的。这种主体与他者的对立关系在一定程度上与黑格尔主奴辩证法中自我意识与其他意识即同一与他者的关系存在相似性。在黑格尔看来，自我意识只有将其他的自我意识设定为他者并且得到这个他者的承认才能确立自己的地位，但这二者并不是平等关系，"其一是独立的意识，它的本质是自为存在，另一方为依赖的意识，他的本质是为

---

① ［美］詹姆斯·巴拉特：《我们最后的发明：人工智能与人类时代的终结》，闫佳译，电子工业出版社 2016 年版，第Ⅻ页。

对方而生活或为对方而存在。前者是主人，后者是奴隶"。① 黑格尔认为"自我意识就是欲望"，欲望意味着自我意识只有扬弃对方才能确信自己的存在，因而主奴关系在一定条件下存在相互颠倒的可能性，即奴隶有可能通过劳动获得自我意识，进而占据主人的地位。在智能时代，人类从启蒙运动以来不断膨胀的主体性与资本主义制度下日益扩张的工具理性出发，预先将这种主奴关系投射到人类与智能技术的关系之中，将智能技术视为可以被支配与奴役的工具。然而，这种预设也直接决定了人技关系有可能陷入主奴辩证法的历史循环之中，也就是说，智能技术或许能凭借其技术优势建立起"机主人仆"的颠倒关系。在技术他者论看来，当前智能技术对人类主体性的侵蚀正验证着智能技术在"订造"世界上已经成为绝对主宰，人类被强制圈禁在技术的牢笼之中，成为等待宰杀的羔羊。例如，智能算法在全面嵌入社会各领域的过程中逐渐构建起了一套隐蔽的秩序结构，人们在数字社会的每次言行都被算法技术所重新架构，一切看似自由的行动决策都不过是算法在精准刻画用户画像的基础上所预测并操控的结果。然而，一旦陷入智能技术他者定位的论断之中，就意味着人类已经不可逆洄地走向了以人机对抗为特征的关系设定中，而这一设定又遮蔽了人技关系的其他可能性，从而强化着人技关系的他者定位乃至对抗性关系模式。在智能技术他者定位的终点上，我们已经能够明显地感觉到人类命运的脆弱性和人类存在意义的

_____

① ［德］黑格尔：《精神现象学（上卷）》，贺麟译，商务印书馆 1979 年版，第 127 页。

"虚无性"。那么现在的问题是：人技关系只能被技术的他者定位所定义吗？人们在人机对抗的设定之外难道没有其他可能的关系模式吗？答案是否定的，当今时代人技关系的想象空间尽管受到技术他者定位的强烈诱惑与渗透，但是我们仍然可以摆脱和超越这一定位，并从马克思主义的视角厘清智能时代的人技关系之本相。

第二节　智能技术的本质

要厘清智能时代的人技关系，必须把握好智能技术的本质属性。我们发现，纯粹技术层面的考察往往会遮蔽智能技术的社会属性，而智能技术的本质只有在现实的人的生产与生活逻辑中才能得到真正的追问与解蔽。马克思所处的时代虽然尚未出现智能技术，但马克思在感性对象性活动与资本生产关系这种哲学与政治经济学的双重视野中对机器技术的分析，仍然是我们今天透视智能技术和人技关系的关键理论资源。

机器和智能技术都是人类试图超越自身有限性的对象化活动产物，从机器到智能技术的演进意味着人类对自身有限性认识的深化以及本质力量对象化层次的提升。在马克思看来，自然界本身并不能创造机器，机器是人们在认识和改造世界过程中生成的产物和所使用的工具，是产生于人并为人服务的物体系。就其本质而言，机器是现实的人在认识到体力有限性的基础上所创造的劳动能力对象化的产物，是对人本质力量的确证与延伸，"它们是人的产业劳动的产物，是转化为人的意志驾驭自然界的器官或者说在自然界实现人的意志的器官的自然物质。它们是人的手创造出来的人脑的器官，是对象化的知识力量"。① 机器在实现劳动体力对象化和功能化的基础上，凭借发动机（尤其是蒸汽机）对机器动力来源的支撑克服了以人类肌肉充当动力的生理局限性，进而拓展了人的劳动器官的功能、弥补了人的劳动缺陷、增强了人类改造现实世界的能力。自蒸汽机解放了人的体力劳动之后，人类在纷繁复杂的脑力活动中逐渐意识到人脑在信息储存与处理等方面的有限性。由此，以延伸人类智能为目标的智能技术出现在历史的地平线上。

相较于传统机器，智能技术作为具有高度自主性的自动化体系，看似成为了脱离人的驱动和操作而独立的系统。然而，智能技术在本质上仍然是人类劳动能力的对象化产物，只不过机器是在人体力对象化的意义上成为人的机械器官，而智能技术则是在"一般智力"对象化的基础上复刻人脑的局部功能、模拟人类的智能能力、延伸人类的智能行为，进而成为人的智能器官。具体而言，智能技术所呈现的物体系，实质上是在人类主体意志与社会历史需求的推动下，经由人类一般智力对物的改造和规定所形成的对象化产物。从技术逻辑来看，只有实现一般智力的对象化，将人的思维认知能力和自主学习能力外化到物体系之中，智能技术的独立性、自主性和类人性才能生成，从而成为与人类智能高度相似的存在。从社会逻辑来看，人之所以能够将一般智力对象化为智能技术，是基于对人脑结构与功能的了解以及对物体系运转逻辑的把握，

---

① 《马克思恩格斯文集》第 8 卷，人民出版社 2009 年版，第 198 页。

进而将复杂的人类智能逐步分解和抽象表征为类人智能，这种创造活动的实现在根本上依赖于人类通过劳动实践逐渐发展起来的一般智力，而非物体系自然属性的进化。

对象化不仅是主体外化自身本质力量的过程，也是通过对象认知和反思自身的基本方式，即对象性存在物的本质必须从其对象中认识。据此，作为创造力对象化的现实产物，智能技术在主体的内在认知机制中的深层效能表现为，它构成了人类直观自身、认识并拓展自身本质力量的镜像观照，"我们的产品都是反映我们本质的镜子"。[①] 当前，无论是人类智能还是智能技术都是有待揭秘的"黑箱"，即我们只能观察智能技术和人脑在输入与输出端的状态，而输入与输出之间的运作机理则无法被人类所完全掌握，因而"科学研究就是要将'黑箱'（完全未知）通过'灰箱'（部分知晓）变成'白箱'（完全知晓），这既是人类认知水平提升的过程，也是可解释人工智能要做的事情"。[②] 然而，如何才能找到解蔽思维与意识黑箱的切口？智能技术的革新尤其是其与人类神经科学的耦合似乎是目前揭开这一迷雾最直接也最有效的方式。也就是说，智能技术的发展一方面推动着智能技术朝着更加自动化与类人化的方向发展，另一方面也能够拓宽人类对自身思维认知机理的了解，二者在人类与智能技术的对象性关系中同步发生。正因如此，智能技术的

---

① ［德］马克思：《1844 年经济学哲学手稿》，人民出版社 2000 年版，第 184 页。

② 魏屹东：《混合认知：一种优化的人工智能适应性表征策略》，《上海师范大学学报（哲学社会科学版）》2023 年第 1 期。

发展与人类的进步在本质上是一个双向循环过程，智能技术的奇点或许也是人类思维认知领域的奇点。割裂智能技术与人类本质的紧密关联，只关注智能技术的突飞猛进而忽视人类智能的发展，是落入智能恐慌情绪、形成技术他者定位的重要原因。

智能技术与人类的对象性关系在本质上是一种主客同一的关系。在马克思看来，人作为感性对象性的存在物，不仅将自身作为对象，还需要在劳动活动中将人的本质力量外化和现实化在劳动对象之中，这些对象化产物是对人的本质与存在的确证和昭示。"随着对象性的现实在社会中对人来说到处成为人的本质力量的现实，成为人的现实，因而成为人自己的本质力量的现实，一切对象对他来说也就成为他自身的对象化，成为确证和实现他的个性的对象，成为他的对象，这就是说，对象成为它自身"。① 相较于主客对立关系，对象性关系并不在孤立、凝固和对立的维度中把握主客体之间的关系，而是从主体与客体的动态关联中探寻对主客关系的规定。在对象性关系中，物得以摆脱传统哲学中消极被动的工具属性，逐渐绽出自身的丰富性与多样性，主体也在与物的动态联系中完善自身的本质属性。从根本上看，对象性关系意味着主体与对象的主客同一关系或者说潜能与现实、本质与现象的关系，对象就是主体本质的显现。正是在此意义上，智能技术他者定位所引发的智能技术与人本身的分裂与对抗得到了消解，虚假的主奴辩证过程被

---

① ［德］马克思：《1844 年经济学哲学手稿》，人民出版社 2000 年版，第 86 页。

就此推翻。在对象性关系的线索下，我们能够发现智能技术的起源本就与人类本质紧密相关，它是人类本质的对象化和功能化表征，因而智能技术在根本上是对人类创造力的肯定与确证，而非社会表意系统中否定人类本质能力并终结人类命运的技术他者，"只有当对象对人来说成为人的对象或者说成为对象性的人的时候，人才不致在自己的对象中丧失自身"。① 然而，如果像马克思所构想的一般，智能技术与人类将在主客同一的对象性关系中实现双向循环发展，那么如何解释当前智能技术与人类的现存矛盾？正如马克思对机器与机器的资本主义应用的区分一般，对于智能时代的人机冲突的分析仍然需要回归具体的生产关系批判，还原智能时代人技矛盾的真正根源。

第三节 "技术世"的人技矛盾

在智能时代，人技矛盾表现为智能技术与人类的竞争性共生所引发的冲突。这种冲突包括：其一，智能技术替代了人类部分理性思考的过程，在一定程度上导致了人类的"去知化"。当前，智能技术能够根据内容及情感需求精准地生成文章、诗歌、小说等看似只能由人类理性创造的产物。可以说，智能技术直接替代了人的部分计算衡量与逻辑推理过程，而这恰恰可能导致技术使用者的"系统性愚蠢"，"人工的、自动化了的愚蠢，是反知识的具化，它彻彻底底是计算性的（算法的和网络

---

① ［德］马克思：《1844年经济学哲学手稿》，人民出版社2000年版，第86页。

化的）资本主义"。① 其二，智能技术凭借技术优势造成了"技术性失业浪潮"。智能技术借助存储与处理大数据的技术优势、稳定高效的工作状态以及高速的迭代节奏，造成了前所未有的大规模失业浪潮。与此同时，智能技术引发了各工作领域的智能化、信息化趋势，如果劳动者不主动跨越数字鸿沟，那么势必被迫成为"技术性失业者"。其三，智能技术对人类自主性的威胁与弱化。随着智能技术的类人化与独立化，人类逐渐将一些自主性决策权让渡给智能技术，而智能技术所负载的价值倾向极有可能使智能技术的决策不遵从甚至完全背离人类意愿，进而威胁人类的自主性。相较于以往的技术浪潮，智能技术正以前所未有的冲击力重塑人类社会，农业革命和工业革命时期人类快速驾驭新兴技术的状况似乎难以再度发生。需要反思的是，造成人技矛盾的根源究竟何在？如果一味将此归结为智能技术禀赋的革新，那我们必将被诱导至资本故技重施的陷阱之中，倒退回 19 世纪卢德主义运动的蒙昧中去。然而，一旦我们在特定的生产关系之中为智能技术的神话祛魅，就能发现智能时代资本显露无遗的狡计。

从马克思的视角来看，智能技术对主体的排斥在本质上是工业资本主义时代生产工具对人否定程度的深化，即从"人像机器"到"机器像人"的矛盾演化。在马克思看来，机器作为科学技术发展的前沿产物，其本身能够在一定程度上将人们从繁重、机械和枯燥的劳动中解放出

① STIEGLER B., *The neganthropocene*, trans: ROSS D., London: Open Humanities Press, 2018, p. 143.

来，降低劳动强度并增加自由时间。但是，"只要劳动资料变为固定资本，就从自己的物质方面失去了自己的直接形式，并且在物质上作为资本同工人相对立"。① 具体来说，机器体系作为固定资本，不仅扩大了资本剥削的范围、延长了工人的工作日、加强了工人的工作日强度，还在技术异化和机器观的拜物教形式两个方面加深了对工人行为和思想的奴役。在此过程中，工人逐渐从机器的控制者沦为机器有意识的附件，"劳动现在仅仅表现为有意识的机件，它以单个的有生命的工人的形式分布在机械体系的许多点上……这种机器体系同工人的单个的无足轻重的动作相比，在工人面前表现为一个强大的机体"。② 可见，马克思从生产力（机器）与生产关系（机器的应用）之间的内在关联出发，在社会历史逻辑与技术逻辑的双重视野中揭示了技术与人的关系，进而摆脱了技术至上的崇拜论与卢德主义的技术拒斥论。

沿着马克思的逻辑理路可以发现，在当前的全球竞争格局中，智能技术已然成为被资本所青睐与追捧的关键对象，即资本越来越倾向于通过研发自主化、类人化、智能化的技术来率先占领生产力发展的制高点。目前，智能技术正被少数资本所垄断与控制，并在与资本全面合谋的过程中充当着资本用以排斥和否定人的工具，"提高劳动生产力和最大限度否定必要劳动，正如我们已经看到的，是资本的必然趋势"③。具

---

① 《马克思恩格斯文集》第 8 卷，人民出版社 2009 年版，第 187 页。
② 同上书，第 185 页。
③ 同上书，第 186 页。

体而言，资本和技术正在相互勾连的过程中重构社会分工体系，力图让智能技术尽可能地消灭那些专属于人类的工作岗位，资本借助技术排挤"过剩人口"的现象更加明显和广泛。与此同时，资本试图借助智能技术将使用者建构为一种纯粹的技术性存在，即在技术对使用者的全方位渗透中加强人对技术的依赖程度，通过技术的智能化功能将人的复杂劳动过程降低为简单劳动，进而使这部分不具备专业技术素养的人沦为真正的"无用阶级"，并且在智能化浪潮中不断加剧"无用阶级"的数字贫困。由此可见，无论是机器大工业时代机器体系对活劳动的支配与统治，还是智能时代智能技术对人的排斥与否定，都无法被简单地归结为技术原罪论，否则现实的批判将被诱导至技术神秘化和抽象化的深渊中。

基于以上分析可知，解蔽智能时代的人技矛盾需要在根源上将其还原为"技术世"的人—机—人的矛盾。人类学家阿尔夫·霍恩伯格提出了"技术世"概念，它指向了如下境况：资本逻辑下技术发展对人类所有的承诺都是虚幻的，技术进步的欢呼声背后是技术资本主义应用所隐含的人与人之间的剥削逻辑。在技术世中，技术从来不是价值无涉的中立存在，而是刻着资本主义生产关系烙印并按照资本意志与人相对抗的生产工具。因此，技术世的人技矛盾并不是机器与人的矛盾，而是操控机器的资本对人的排斥。正如马克思在分析机器的社会应用时所深刻指出的："机器具有减少人类劳动和使劳动更有成效的神奇力量，然而却引起了饥饿和过度的疲劳。财富的新源泉，由于某种奇怪的、不可思议的魔力而变成贫困的根源。技术的胜利，似乎是以道德的败坏为代价换来的。随着人类愈益控制自然，个人却似乎愈益成为别人的奴隶或自身的卑劣行为的奴隶。甚至科学的纯洁光辉仿佛也只能在愚昧无知的黑暗背景上闪耀。我们的一切发现和进步，似乎结果是使物质力量成为有智慧的生命，而人的生命则化为愚钝的物质力量。现代工业和科学为一方与现代贫困和衰颓为另一方的这种对抗，我们时代的生产力与社会关系之间的这种对抗，是显而易见的，不可避免的和毋庸争辩的事实。"[1] 技术的发明和使用不仅仅关乎自然界的改造，还深刻地影响着人与人之间的社会关系，甚至造成部分人生存境况、生活方式、思维观念等层面的恶化。然而，这并不是纯粹由技术自身所致，而是技术受到资本逻辑重塑所导致的社会后果。因此，无论机器本身经历了何等程度的技术变革，一旦机器被投入社会使用，那么人技关系在根本上就是人与人之间的关系，即机器的控制者与使用者之间的关系，只不过"人奴役人"的关系在资本所塑造的技术独立性神话中被表象为"机器奴役人"的现象。在此意义上，智能技术的他者定位由于抽离了特定的社会关系，颠倒了社会机体与机器之间的支配性关系，将关注点从智能技术在人与人之间的过度竞争转移到了技术与人的关系中去，进而成全了资本以技术伪装自身作为幕后主人身份的真正意图。

---

[1] 《马克思恩格斯选集》第 1 卷，人民出版社 2012 年版，第 776 页。

第四节　智能时代的人技共生

从智能技术所产生的社会效益来看，智能技术的发展浪潮极大地增强了人类改造社会的能力，带动了社会生产力的快速发展。正如传统的机器体系作为人类体力的机械延伸，其大规模应用使得劳动效率以及可操作的劳动对象范围得到了提升与扩大，智能技术的革新也拓宽了人类涉猎与实践的场域，如无人驾驶汽车、人脸识别、机器翻译等。与此同时，人类改造世界的精度与广度也发生了质的飞跃。可以显见，智能技术凭借着传统技术难以望其项背的创新速度和核心优势，成为促逼整个社会智能化转型、带动物质财富积累、推动技术跃升的关键驱动力，进而为人的全面发展创造了可能性基础。从智能技术的演化趋势来看，智能技术的革新并不必然导致技术他者全面碾压与统治人类的宿命式结局。智能技术作为人类对象化活动的产物，并不会自发地反过来与人类相对立，而是首先作为确证人类本质力量的存在促进人类创造力的提升，从而有可能形成人机融合、人机协同和人机共生的关系。因此，面对智能时代人技关系被他者定位所导向的歧途，一方面应该打破反乌托邦式的技术他者幻象，明确人技矛盾的真正根源，即资本对智能技术的私人占有，另一方面应该遏制当前智能技术的资本主义应用所带来的社会后果，实现智能时代人技关系的和谐发展。

首先，破除根深蒂固的二元对立逻辑，促进智能技术与人本身在对象性关系中的相互提升。黑格尔的主奴辩证法表明，受到奴役的一方并不会永远处于奴隶状态，而是有可能在与生产工具密切联系的过程中推翻主人的统治地位，并最终获得主人的承认。主奴辩证法正是当前智能技术他者定位的抽象表征，这种主客二元对立视角将使人技关系落入永无止境的对抗循环之中，不断加重人类对每次智能浪潮的恐惧与焦虑，并使人自发抗拒智能技术在人类社会的渗透与运用，遮蔽智能技术对人类生存发展的意义。然而，人类已经无法像切断电源强制停止机器运作一样中止智能技术的发展，阻止技术革新并不是消解技术风险的根本出路，我们必须在与技术共存的基础上建立一种新型的人技关系认识框架。正因如此，我们应该跳出根深蒂固的二元对立思维，在马克思思想所内含的关系存在论即对象性关系中把握智能技术与人的主客同一关系，促进人类与智能技术的相互提升。也就是说，一方面在不断发挥人类自身创造力的基础上将人的本质力量对象化在智能技术之中，推动智能技术对人思维认知、数据分析以及行动决策的优化，克服人类目前在脑力活动方面存在的缺陷，形成良性的人机互补关系。另一方面，以智能技术的研发成果为技术参照反观和解析人类智能，解答人类智能的意识和思维之谜，通过对象化产物实现对人类自身认识的整体性深化，并善于运用生物技术和智能技术武装自己，实现智能时代人自身的发展和进化。

其次，在正视智能技术拟主体性地位的基础上，明确智能技术需要承担的社会责任。必须承认的是，智能技术自主性与意向性的提升，尤其在类人意识与思维层面的技术突破，使智能技术在一定程度上具备哲学维度的拟主体性，获得了改变人的行动选择和社会图景的能力。从拉图尔的"行动者—网络理论"来看，智能技术实质上已经凭借其自主能力成为了当代社会的重要"行动元"，能够在智能交互中影响和触动"聚合性网络"中的其他行动元。智能技术的这种自主性和能动性使得人类向其让渡了部分权利和主体地位，智能技术由此获得了独立决策与行动的空间，这就决定了智能技术必须作为一般行动者承担相应的社会责任。目前，刻意的人类控制、轨迹追踪、征得同意、算法审核等问题都是智能技术社会责任的争论焦点。值得注意的是，智能技术的责任归属与分配必须关注以下几点：其一，对智能技术的追责必须避免见物不见人的误区，即必须判断智能技术所引发的问题究竟是技术操控者的意图所致，还是由智能技术在输入与输出之间运作过程中技术弊端所致，并在此基础上采取不同的应对措施。其二，区分智能技术行动者的自主性层级，并依此落实道德责任的归属问题。自主性限度较低的智能技术往往无法完成语义理解与行动决策，而自主性较强的智能技术则能够对主体的价值观念和行动决策产生较大影响，因而必须依据智能技术的自主性程度划分责任。唯有如此，才能客观全面地完成智能技术社会责任的分配。其三，成立并完善智能技术道德伦理委员会，明确智能技术的应用原则和社会责任的确定标准，推动智能技术向良性方向发展。

最后，在有效控制资本宰制所造成的负面效果的基础上，支持和引导平台资本的规范发展。根据尼克·斯尔尼塞克的定义，平台资本是指资本在智能时代借助数据与算法等技术建构垄断的数字平台，并在此基础上攫取利益的"一种新的商业模式"。[①] 从当前智能技术的发展态势来看，智能技术服务于和受制于平台资本主义的发展，成为建构资本宰制体系、加速资本增殖步伐、扩大资本剥削范围的技术工具。不可否认，平台资本凭借技术对社会生产的调适与资本权力对技术的支撑，助推智能技术实现快速迭代和广泛应用，为人类社会带来了前所未有的高效与便捷。然而，平台资本的野蛮生长和无序扩张极有可能引发与技术进步属性相悖的社会风险，致使智能技术嬗变为与人类生产生活相矛盾的技术威胁。正因如此，我们必须在厘清和尊重平台资本的基本特性与运行规律的前提下，最大限度发挥出平台资本对智能技术进步的推动作用，发挥出平台资本作为重要生产要素的积极作用。与此同时，要及时"为资本设置'红绿灯'"，[②] "红绿灯"既包括绿灯，有的智能技术领域要鼓励平台资本进入，也包括红灯，有些平台资本行为必须制止，从而有效控制平台资本的技术操纵所产生的负面效果。总之，要运用国家公共权力和法律制度遏制平台资本的无序扩张，破除平台的垄断与社会财富的集聚，以规范促发展，引导平台资本的有序健康发展。

---

① ［加］尼克·斯尔尼塞克：《平台资本主义》，程水英译，广东人民出版社 2018 年版，第 7 页。

② 《习近平谈治国理政》第 4 卷，外文出版社 2022 年版，第 211 页。

第六章

驾驭智能技术

现代智能技术"政治无涉"的幻象背后，思想观念供给与技术实则紧密勾连、互相作用。一方面，技术研发者将利益集团所持有的观念源头式地植入代码，算法黑箱式的运行机制更使观念的弥散渗透难以被觉察；另一方面，观念依附于智能算法所赋权的推荐机制，潜隐式地决定着人们的政治立场和价值选择。在这一观念和智能技术互动结构中，审视观念失序与规制的典型表征与样态，考察思想观念供给的失衡与再平衡，探索运用主流价值观驾驭智能技术，对于抵御观念空间的智能技术外溢风险具有重要意义。

第一节　算法价值观的失序

随着互联网、大数据、人工智能与经济社会的融合式发展，智能算法在生产、分配、交换、消费等领域的深度应用，不仅向思想观念的社会认同发起挑战，还为人类社会发展提出诸多伦理难题。从算法价值观维度切入观念的失序和规制议题，关注和讨论公共领域与私人空间的边界及区隔，有助于深化当前对于智能技术规范设计和应用界限问题以及观念传播伦理的理解和把握。

一、算法场域中的权力转移与困局

智能革命时代无疑是数据信息爆炸的时代，在大数据、云计算、人工智能等数字技术蓬勃发展的助推下，以大型互联网企业和跨国资本集团为代表的技术持有者在网络空间建构起分门别类的数字平台，数据成为资本主导下扩展市场的新型垄断形式。由于充分持有收集、储存、分析和利用数据的条件和能力，加之法律规则体系还难以同智能时代的社会实际状况实现全方位嵌合，数据信息的所有权问题仍然在实践层面存在争议，因而技术持有者得以在最小化承担法律责任的情况下拥有处置海量用户数据的自由。用户数据往往贮存着大量的个人信息，数字平台凭借数据挖掘对其进行分析便能够透视数据背后的主体，知悉其爱好、习惯、信仰等背景特征，进而精准描绘用户画像并作为产品出售给资本集团，助使其实现商品广告的精准投入与推送。在智能时代，数据不仅以生产资料的身份出现于生产领域，还在消费领域资本的包装下获取新型商品的地位，恰如匈牙利哲学家卡尔·波兰尼的界定，数据是一种"虚构商品"，即"那些不为销售而生产却在资本主义下可以销售的物品——如土地、劳动力和货币"。[1]

在数据日益成为生产资料和新型商品的背景下，资本权力以更加潜在而深刻的形式表征自身。数据生产方式的特点在于通过数字化智能设备和工具，分散在世界各地的劳动力可以凝聚在同一个虚拟场域中工

---

[1] Polyani, Karl., *The Great Transformation: The Political and Economic Origins of Our Time*, Boston: Beacon Press, 2010, p.75.

作，或者将劳动任务分散到不同的时空里，由数字劳工们自由且灵活地完成任务。"谁在运动和行动上最为接近'瞬时'，谁就可以统治别人。"① 数据生产形式模糊了传统劳动关系下资本对劳动者和劳动时间及场所的限制，数字平台能够实时和即时地将用户生产出的海量数据收入囊中。数字平台用户通常情况下并未与平台签署劳动合同，因此不属于平台的雇佣劳动者，然而用户在日常使用平台的行为中持续生产着动态数据信息，这些动态痕迹数据被资本加以提取、跟踪、监测和分析，使用户身份转变为商品化的免费劳工，他们的无意识生产活动和无酬的数字劳动让网络平台成为一个永不停歇的工厂。数字劳工所产生的数据最终被平台以商品化的形式出售实现盈利目的。资本权力日益确立和扩张的过程，也是智能时代新型"全景敞视监狱"建构的历程。

在政治民主层面，技术形塑着作为公民共同生活准则与社会运行机制的政治主题和实践方式。如今，人类集体生活原则在何种广度和深度生成为政治议题，取决于宗主国政治体制转向受公私全域数字体系的多重作用和深刻影响。这一问题的探究既是技术政治学的时代课题，也是今天生命政治学的数字转向所必然回应的议题，算法政治学便是生命政治数字转向的前沿领域和最新变量。算法政治是政党集团基于算法技术和智能推送推动政治观念传播的政治工具，甚至具有左右竞选、操纵舆论的强大能力，或许还将参与引领未来政治数字民主的发展阶段。正如

① ［英］齐格蒙特·鲍曼：《流动的现代性》，欧阳景根译，中国人民大学出版社2017年版，第205页。

荷兰 Diggit 杂志主编伊科·马利首次界定和阐述算法民粹主义概念，即"数字媒介中不同人类和算法参与者之间的政治话语沟通关系"。① 不可否认的是，平台协商民主、开源维基民主以及大数据民主等基于数字算力的新型民主形式正在日益取代古典民主和精英主义政治的地位，算法不断从技术角度调试和改良公众议题的政治形式，在政治民主视域内算法与权力、数字与民主似乎具有孪生兄弟般天然耦合的相关性。

伴随人类数字化活动的不断延展和扩域，一个由二进制代码和算法构成的技术帝国宰制人类实践的超现实情境正在成为真实事件。算法不仅成为重构政党政治影响力的实质权力，还构成了民众生活工作和政治参与所必须依赖的重要工具。伴随机器学习技术的突飞猛进与 ChatGPT 的到来，机器自主编写代码、生成程序成为未来不可阻挡的潮流。机器学习和人工智能甚至不断涉足编程设计和算法规则的制定领域，它将深刻改变人类编写程序的既有方式和算法自主性的发挥程度。"未来，代码将会成为动态的、敏感的和适应性更强的人类行为裁判——能够改规则，也能加强规则。……然而，这就是权力。"② 可见，在由算法权力及其规则主导的未来话语体系中，自主化、智能化的算法权力通过数字监控、改写代码运行规则等手段重新界定了人类行为活动的边界与对他者感知的深度，以一种全面而灵活的方式主导人类生活。

---

① Maly I. *Algorithmic Populism and Algorithmic Activism.*, Diggit Magazine, 2021(4).
② ［英］杰米·萨斯坎德：《算法的力量：人类如何共同生存？》，李大白译，北京日报出版社 2022 年版，第 64 页。

智能时代的数据规制和算法设计日益确立为新的权力机制和施展手段，以技术权力置换政治权力的新型机制正全方位启动并发挥作用。算法权力基于数字平台使原有的政治信息表达空间得以蔓延和扩展，权力流动趋向频繁和垄断，这使得传统政治模式的叙事性和规范性越来越受到智能技术的渗透，为社会治理系统和政治决策主体带来多重面向的嬗替和转变。这就提示我们，一旦科技平台掌握更丰富而优质的数据与更先进智能的算法技术，它们就持有了更为广阔的权力空间和政治渠道，这对现代社会的公共利益及其维护构成了严峻的挑战。

二、智能媒介的公私辩证法

智能时代，绝大多数信息不再依赖从上而下的单向度传播手段，而是转向借助比特、数据等散点的多向多维流通方式。这不仅带来信息流通效率的指数型增长，也预示着信息呈现、接收、存储和使用的方式发生巨变。通过智能移动终端、数字社媒平台等智能媒介，人们不仅能够实现信息的瞬时发送，还将信息以图像、音频等处理方式进行多元立体的即时呈现。智能媒介已成为人们交流信息的主要途径，智能媒介筛选、提供和推送的信息正悄然建构着人们的认知结构和价值偏好，进而影响人们的实践活动和交往行为。智能媒介赋予了现代信息流动方式以突破传统的可选择性，延展了信息传输与信息接收主体间的互动空间。信息在可视、可听、可感的技术化叙事下，极大地激发起主体的感官愉悦，传输与接受信息的双方主动贡献自身的情感、经验、观念并获得参与度和认同度的倍增。可以说，智能媒介在极大程度上扩展了人们的信息获取渠道，消弭了传统媒介下信息不对称状态和单向度难题。与此同时，处理繁杂信息数据的过程亦是主体自我确证和形成观念的过程，在编码—提取式的数据接收机制中，人们的意识和情感激发起自身潜在的生产性和创造性，不同于对信息"复制粘贴"的简单化处理，人们在这一机制中可以将信息吸纳至自身的认知前见和观念结构中予以整合，从而动态开放地优化认知体系以点亮自我省察和启蒙。

美国政治理论家汉娜·阿伦特认为，公共领域在本质上是共同的世界，一个真正健全的人理应通过行动与言说去开展公共事务，以自由协同的公共活动去照亮以"生命/欲望的循环"为主题的狭隘私人活动，由此，"世上事与物的实在性才能真实与可靠地显现出来"①。可以说，公共空间是社会观念聚集和碰撞的一个持存性场所，而要真正参与公共事务，必须先实现公共空间的建构。作为资本主义时代流行的观念思潮，新自由主义提出"通过价格机制调节商品或服务的供求，无需政府或其他力量的干预，就能实现最优的结果"，②他们肯定自由市场在全部社会经济领域中的积极效力，并尝试弥合公共领域与私人自由意志之间对立的道德矛盾。新自由主义主张市场经济的自发性是合乎规律的，甚至提出市场原则本身就应当取代政府机构从而直接地干预调适社会生活，并推崇将自发性的市场原则扩展至社会生活领域的各个方面，这必

① Hannah Arendt., *The Human Condition.* University of Chicago Press, 1958, p.57.
② ［英］科林·克劳奇：《新自由主义不死之谜》，蒲艳译，中国人民大学出版社 2013 年版，第 13 页。

将导致公共领域道德评判和价值原则的缺位。

哈贝马斯曾在 20 世纪下半叶针对资本主义社会的"公共领域",提出了将理想化的公共领域视作参与式民主场所的设想。时移世易,如今盘桓于数字平台上的智能媒体生态促使传统公私领域的界限趋向脆弱、模糊,公共空间与私人空间的划界仿佛已经丧失其必要性。"公共领域的一部分由各种对话构成,在这些对话中,作为私人的人们来到一起,形成了公众。"① 按照哈贝马斯的观点,某个特殊的社会生活领域之所以可以被界定和传唤为"公共领域",是由于这一领域在原则上向所有公民敞开并且允许平等、公开的讨论和协商,进而成为公共舆论的载体和公共意见的空间。但是到了智能时代,人们通过镜头或是屏幕,能够无时间延迟地同远在大洋彼岸的他人实时共享信息,私人空间从而扩展成个性化的频道或场域,脱离了公共空间原先规定的原则。伴随着私人空间和公共空间界限的日益淡化,私人空间的隐私性和排他性逐渐侵蚀掉公共空间的共享性和包容性。曾经秉持着包容和协商原则的公共空间在今天似乎已经皲裂出一道道纹路,关键的问题在于,思想观念空间在智能时代的建构,应当重新拯救渐趋分裂和破碎的公共领域,还是应当寻求一个新的地基以探索数字界面上新的观念空间之可能性?面对这一问题,我们必须深入智能媒介背后的公私辩证法中予以考察。

取得了"数字公民"身份的共同体成员,其生存本身被抽象为一串

---

① 汪晖、陈燕谷:《文化与公共性》,三联书店 2005 年版,第 125 页。

虚拟的数据，现实的集体成员身份与道德责任原则似乎烟消云散，在匿名性与自由感充斥的智能媒介中，人人皆可自由言说和表达意见，公共领域似乎在这种去中心化的自由中得以揭示与现形。伴随智能媒介的集中兴起和广泛流行，智能技术对于公共领域建构的现实性正在展现出来。一方面，智能技术打破了私人进行公众表达的时空限制，话语权由集中转向分散，具有严格时空规定和密布强权的话语体系被更为公开、平等的公共对话形式所替换。另一方面，公众在政治参与中的话语表达和观念互动凝聚为具有约束力和影响力的公共意见，在开放的新型场景中，智能媒介正在成为公众表达利益诉求的重要渠道，进而时刻影响公共事务的处理和解决。尽管哈贝马斯描述的公共领域离智能时代很遥远，但是智能技术所赋予的话语表达"权利"和舆论影响"权力"在一定程度上依然隐喻着权力布局的重构，蕴含着自由与平等的潜能性。

透过公共生活之外的私人领域，智能媒介还重构着人们关于事件的直觉印象和亲密关系的想象。喜悦、惊惧、感动等情感通常来自主体对事件的具身体验和接触感知，而在智能媒介不发达的传统时代，事件往往只有在主体在场亲历时才能被感知，正如梅洛-庞蒂在《知觉现象学》中的阐述："身体是我们拥有一个世界的一般方式。"[1] 这表明，身体是人们同周遭环境发生关系时的天然介质。然而，智能化移动设备和泛在网络的发展则能够将世界各地突发事件呈现至人们面前，事件仍然是实

---

[1] ［法］莫里斯·梅洛-庞蒂：《知觉现象学》，商务印书馆 2001 年版，第 19 页。

际发生的，但当智能媒介提供了不再必须以梅洛-庞蒂式身体此在的固有方式来感知世界之时，事件带来的情感冲击被大幅度削弱了：当经验事实借由数据的加工处理转译成为影像、音频，人们的身体便同事件本身的接触拉开了距离，人们难以目睹事件发展的前因后果，只能被动接收到以图像或文字叙事形式所表现的片段——在智能媒介的作用下，事件的完整性被故事化和抽象化的叙事取代。当资本和智能技术联姻，资本逻辑凭借技术手段在感性领域对情感主体施加控制，使人们最大化地让渡了由肉身直接经验所产生的情感，情感只能在由智能技术所赋权的媒介叙事中进行释放。

从传统媒体时代主体形象在社会交往中的公开展示，到智能时代主体交往中个人信息的选择性显现，主体基于自身对公私空间的理解划定个人隐私的边界，这一点标刻着私人领域向公共领域敞开的范围和程度。以大数据和智能算法为依托的智能媒介不仅为人们打造了信息流通平台，还基于此构建了一个以用户的人际交往关系为辐射中心的数据分类、处理和利用的平台，进而对用户隐私数据投入更多目光。在现实世界中，人们往往依据血缘、地域、职业等要素判别人际关系中的亲疏远近和选择不同的交往方式，而在智能媒介空间中，传统人际关系趋向淡漠且用户之间基于社交平台互动频率、兴趣领域甚至数字活动而构成一种新的虚拟关系。数字虚拟关系通常具有显著的交互感和自由度，主体间基于虚拟空间的交往或是维系强化现实关系，或是转化深化现实关系，而虚拟空间为主体营造了一个便于快速寻找同伴、维持虚拟关系的运行机制。譬如在社交媒体上，人们不仅能自由浏览其他人分享的观点、图片或音频，还能转发、评论他人观点从而与其开展互动，虚拟关系的建立似乎唾手可得。

伴随公共空间和私人空间之间边界的渐趋消融，隐私数据的商品化导致各类涉及私人的信息持续披露，使公民的私人生活滑向一览无余、日渐透明的危险境地。如今人们已经习惯于通过移动智能终端接入网络，以一种"虚体"的角色参与数字空间的人际互动而取代物理世界的直接交流。数字空间与"虚体"都是基于智能技术的数据建构而成的，因此就观念空间中的虚拟关系而言，人与人之间的关系不可避免地被数据与数据之间的关系所取代，数据成为社会关系得以可能的中介。当人们离开智能媒介而不知道如何发生社会关系之时，人们的情感认知和生命感受也会随着身体的智能情境体验而走向异化。"虚体"的可怖之处在于它取消了主体在现实情境中的行为有效性，这种把实体生命凝固为数字存在的方式导致了智能时代的情感交往被置换成身体空场下的数据交换关系，由此，实体生命时刻受到资本逻辑、市场规则和算法设计的联合宰制。其后果是现实的人被符号化为一系列的抽象符码，人与人之间能够在量化的层面读写和比较，却丧失了感性、人格等质性层面的差别。马克思对商品拜物教的批判揭示了资本主义时代人与人的社会关系被物与物的关系所遮蔽的事实，而智能时代人与人的社会关系则被服膺于资本增殖的数据所支配。更为发人深省的是，从数据到数字空间的一系列发展均是在智能算法的加持下完成的，这意味着想要参与进网络社交就必须使人们的情感被迫地趋同于以资本增殖为逻辑的算法规则。由此，以数据形式存在的虚体又会实现数据生产资料的再生产，从而构成"数字资本主义的最普遍的价值"，[①] 进一步服务于资本增殖的目的。

第二节　观念供给的失衡

智能技术渗透下思想观念空间面临的供给风险主要体现为虚实势差消解共识建构、感性观念过剩、价值多元与博弈失范、数字观念霸权等失衡问题。

一、虚实势差消解共识建构

在智能时代，虚拟空间和现实世界的生存景观实现了再构和重编，虚拟空间中的景观在智能技术加持下具有可视、可感的外观，展现出令人惊叹的真实感和吸引性，现实世界的景观被"真实"地摆置在人们面前并获得了与实体平等的身份，虚实边界渐次模糊。元宇宙技术的出场便是虚拟和现实互融共生的典型标志。元宇宙用户可以基于主体意志任意设定各种数字虚拟角色，在现实和虚拟的自由穿梭中拥有真实自我和虚拟自我两类身份，生命状态也从物理存在向虚实交错的跨界生存迭代。元宇宙还打造了全方位、立体化的虚实交往空间，以去权威化的用户赋权节点弥补了虚拟场所的实践活动自由性，从而推进了感性观念

[①] 蓝江：《一般数据、虚体、数字资本》，江苏人民出版社 2022 年版，第 106 页。

的生成与发展。社会物质生活在元宇宙中以虚拟实体的形式呈现，人、事、物均以图像形式被载入智能装置而呈现出虚拟形象，借由符号文化重构生活世界的本真意义。元宇宙技术的兴起意蕴着人类对于多维自我认同的追求，意蕴着人类生存边界的开拓，表征着新型生存空间的开辟。但是，我们要深入探讨智能技术对思想观念的影响，就不能停留在景观化的表层形式，而是应当深刻省思潜藏于元宇宙范畴内部的本质特征。元宇宙在一定意义上无疑是凌驾于物理世界的虚拟领域，其用户可以无拘束地体验超真实性、颠覆性和多元性的技术成果，然而元宇宙技术的生成发展逻辑并没有逾越唯物史观的论域，其底层逻辑不过是经济基础和上层建筑在智能时代的新一轮结合。

主流思想观念发挥凝聚社会共识的功能，就是以其主权国家的价值观念引领分散化的异质性社会思潮，将错综交融的多元思潮予以价值观念的整合，使之聚合为与主导话语同向的价值共识。元宇宙技术的方兴未艾为观念的耦合交织提供了一个新兴场所，思想观念的碰撞、竞争、冲击非但没有缓和，反而愈演愈烈并展示出智能时代的新趋势：平台资本将数字领域视为资本有待开拓的新的殖民地，凭借对智能技术垄断加速抢占虚拟空间的话语权；创建元宇宙的平台资本成为实际规则制定者和舆论资源分配者，在攫取用户数据生产剩余价值的同时，还以隐蔽多样的方式推行自身的思想观念，甚至以虚拟阵地的主导权争夺现实世界中的实体政权，由此导致主流思想观念面临权威淡化的风险。同时，元宇宙的"虚拟角色""跨界生存"景观所强调的去中心化、时空脱域性与主流思想观念基于物理世界的整合凝聚要求彼此冲突，思想观念空间正在遭遇虚实空间势差不均导致的共识撕裂，进而主流思想观念的凝聚力渐趋削弱，难以促成虚实空间差异化群体的价值共识。

二、感性观念诱导价值观念

通常而言，"感性"具有外在感知与内在体悟两个剖切面，前者表现为主体通过感觉器官直接接触到外在对象实体而产生的各种感觉、知觉和表象的综合，后者指向主体在现实生活中的身体体验和内在领会，包含了直觉、体验、想象、意志、顿悟的有机统一。感性的两个剖切面最终都导向了感性观念的生成。所谓感性观念，是指感性体验呈现出的思想观念，具有自发性、瞬时性、非逻辑性和不可言说性的特征，通常难以为主体的理性逻辑所理解和统筹。智能时代感性观念渗透往往溶解于人们的日常数字活动中，将自身承载的价值导向和政治理念藏匿于数据符码背后。"新的权力存在于信息的符码中，存在于再现的图像中。"①伴随图像叙事日益成为虚实空间信息联络的纽带，人们用影像传媒技术输出和表达观念意识、生活见闻、社会事件等，感性直观的图像不断取代理性文字描述在叙事中的主导地位，主体在丰富的图像话语中塑造角色、拓宽交际，感性图像的异军突起导致观念传播方式的深层变革。

图像叙事建构了数字观念景观并为感性观念的诞生提供前提，助力了社会各类思想观念样态的变化。感性观念不仅凭借对主体交往空间

---

① ［西班牙］曼纽尔·卡斯特：《认同的力量》，曹荣湘译，社会科学文献出版社2006年版，第416页。

和娱乐时间的广泛占有促使其养成习惯性的价值认同，还借由对理想生活图景的精巧设计和意义规划，引导个体欲望迈向既定方向并从主体内部消弭反抗意识，实现潜意识层面的自觉服从。居伊·德波在对现代资本主义意识形态的批判中指出，"它（意识形态）摆脱了过去的抽象性，借助随处可见的景观实现了意识形态的具象化呈现和碎片化控制，景观成为被强化了的意识形态"①。在景观立体化、深层次的隐性操纵下，形态各异的感性符号表面上描述的是日常事件和社会见闻，其实质则是政治集团或科技寡头所主导的观念渗透和逻辑牵引。借助感性观念的内涵与外延激荡起主体对自身的价值确证和对他者的情感联结，达成物品意义符号与特定价值信条的关联，这是感性观念的重要弥散方式。直观、明晰的意义符号通过模仿、拼凑、还原等暗喻形式，加之拟物、夸张、讽刺等视觉技术手段，勾连起主体对于同类情境的回忆，进而生成更深层的联想、想象并催生情感认同和价值共鸣，达到感性观念世俗化、个体化、隐蔽化的渗透。

三、价值多元与博弈失范

不同于传统权力系统往往在信息生产格局中占据一元化的中心位置，元宇宙、区块链技术推出了诸如虚拟货币、NFT（非同质化通证）等去中心化环节，赋予个人用户内容设计、社区共建和制定规则的权利，其核心驱动力是脱离现实世界中心化的限制并建立高度自治的数字

---

① ［法］居伊·德波:《景观社会》，张新木译，南京大学出版社 2022 年版，第136 页。

虚拟空间。在这一过程中，虚拟空间自由、开放的特质带来了个体的话语权，由此充分释放民众在观念传播和价值认同上的自主性，也在一定程度上导致了多元价值的"泛中心化"。正如尼葛洛庞蒂的断言："真正的个人化时代已经来临了。"① 在匿名制和符号化搭建的数字疆域中，权力结构并非销声匿迹了，而是转移至以个人为赋权节点的多元秩序中。可以说，数字界面的"去中心化"事实上是一个权力关系解构和重构的过程，数字平台凭借赋予个体用户充分的话语表达权，使以往中心辐射式的权力结构向多元星丛式的权力结构转化。这种泛中心化的新型话语权力结构为多元思想观念的野蛮生长提供土壤，致使芜杂的观念思潮从现实世界移植到数字界面中不断蔓延，传统权力结构下思想观念之间的博弈同样递归地移入数字化的虚拟之境。诸多思想观念的社会思潮利用数字界面去中心化、匿名性等属性导致的审查盲点和生产黑箱，得以轻而易举地逃避物理世界中法律条文和中心权力的监控，开始操纵观念的生成与弥散过程，在引导效力、话语权力、传播广度等众多领域同主流思想观念思潮展开较量。在可预见的未来，数字界面上的思想观念竞争必将表现出愈加复杂而激烈的博弈局面，多元思想观念间博弈失范的风险将难以避免。

四、数字观念霸权

现代智能技术在物质生产领域的广泛应用为人类铺展开一幅生产生

---

① ［美］尼古拉·尼葛洛庞蒂:《数字化生存》，胡泳、范海燕译，海南出版社 1996 年版，第 193 页。

活日益高效、物质和精神生活极大丰富、社会繁荣进步的盛大景象。但与此同时，资本与技术的联姻催生出无偿劳动剥削和注意力剥削的新型剥削方式，个体在数字界面的社交互动中获得愉悦体验感，却忽视了成瘾性玩乐表象下资本对个体数字劳动的剥削及其导致的数字异化劳动。资本逻辑和数字平台共同搭建的数据商品化市场脱离了时空定在场域的制约，使人们在数字界面上的动态活动痕迹不断转化为生产资料，被平台资本收入囊中。资本对于数字劳动的剥削以隐性控制形式存续于智能时代，"基于可移动性，它（数码设备）把每一个地点都变成一个工作，把每一段时间都变成工作的时间；从这个意义上讲，它的剥削甚至更为高效"[1]。数字资本借助智能终端对个体劳作时间以外的休闲时间施加一种"全景敞视监狱"式殖民，将数字劳动成果加以收集、存储、整合为数字景观，而这一"景观是将人类权力流放到一个彼世的技术实现"[2]的资本世界，它比以往的资本剥削更为隐蔽，个体被数字劳动编织的难以抗拒的自由感所诱惑，从而臣服于资本施加的更深层的生活异化。

在智能时代，数据成为资本集团控制、支配民众的技术景观，并向民众不断施加数字观念霸权。"原始社会有面具，资产阶级社会有镜子，而我们有影像。"[3]鲍德里亚描述的影像即现代资本通过技术途径将

---

[1] ［德］韩炳哲：《在群中：数字媒体时代的大众心理学》，程巍译，中信出版社2019年版，第51—52页。

[2] ［法］居伊·德波：《景观社会》，张新木译，南京大学出版社2022年版，第9页。

[3] ［法］让·鲍德里亚：《消失的技法》，罗岗、顾铮主编：《视觉文化读本》，广西师范大学出版社2003年版，第76页。

数据虚体进行提取、分析、调试的再建构，并借助图文、音频等传播载体向公众进行表达的满足资本增殖需求的具体表现。由众多被重构的数据虚体积聚而成的影像集合，形成了数字资本的景观话语，它既不是具体可感的实存性景象，也并非暴力殖民性的政治观念，而是以影像为介质，隐含着资本集团非暴力、温和的软性权力秩序。社会现实在影像中"已经被景观凝视所侵袭，在自身中获得一种景观秩序"。[①] 在数字景观的规制下，主体亲身体验的感性过程被凝固为数字资本陈列出来的诸多影像，这些由资本陈列展出的影像集合在智能空间成为"实体"存在，并经由智能算法的分流处理与偏好推送，构成数字资本权力秩序的视觉景观母体。进而言之，数字资本使人们感知到的不再是能为主体直接认知的物理世界，它掩盖了人与人之间真实的交往关系，逼促整个社会加速迈向全面商品化的困局，为资本权力扩张和数字观念霸权提供了有力支撑。

第三节 技术与资本关系的良善规制

资本和技术是推动社会历史从前现代转向现代、赋能社会加速发展的核心力量，二者在适应市场需求的生产过程中走向联姻，并推动着人类社会的现代化进程和现代性的生成。"只有资本主义生产才把物质生产过程变成科学在生产中的应用。"[②] 对于资本而言，能否占有和使用技

---

① ［法］居伊·德波：《景观社会》，张新木译，南京大学出版社 2022 年版，第 5 页。
② 《马克思恩格斯文集》第 8 卷，人民出版社 2009 年版，第 363 页。

术是资本的生命线，持有先进技术既是资本开展大规模商品生产以追求增殖的本质需求，也是维持资本市场竞争力的关键环节，更是资本剥削工人劳动以获取剩余价值的重要手段。在任何历史时期，资本与技术的同盟化都是资本权力得以生成、强化和发展的重要途径，智能时代亦是如此。资本正是在与智能技术深度联姻的基础上，实现了对人类社会生活全时域的数字化统御，并实现了对现代社会的全景式监控。资本和技术共建而成的新型权力结构日益影响着由政治国家掌握的传统权力，人类社会逐渐进入一个政治、资本与技术共同参与统治的时代，但是由于资本的增殖天性，资本和技术的联姻从来都无法实现有效的自我规制，由此使得资本所建构的现代性始终显露着某种失控的风险隐忧。基于此，从可能性、可行性和现实性的角度来审视如何规制技术与资本关系向善发展，将有助于探求规避资本逻辑、实现智能技术良性发展的可能途径。

首先，规制资本与技术关系向善发展的可能性在于限制资本权力的无限扩张，树立资本与智能技术的边界意识。习近平总书记指出："加快建设数字中国，更好服务我国经济社会发展和人民生活改善。"[①]这一重要论述，为我们正确把握资本与智能技术的关系提供了根本遵循。在资本与技术关系向善发展的过程中，资本应该关注那些能够持续产生科技创新的企业，支持那些能够创造可持续技术的企业，推动经济社会长

---

① 习近平：《审时度势精心谋划超前布局力争主动 实施国家大数据战略 加快建设数字中国》，《人民日报》2017 年 12 月 10 日。

期发展。技术应该服务于社会公益，解决社会问题，推动科技创新的可持续性发展。资本与技术关系向善发展需要各个层面的共同努力。就制度层面而言，需要持续加强数字监管，营造公平公正、运行有序的数字空间生态，健全完善数字空间法制法规，从根本上消除数字隐性壁垒，确保智能技术研发应用始终以人民为中心，推动智能技术建设向着建立服务于人民群众的共享开放平台这一目标稳步迈进。就国家层面而言，一是要推动智能技术建设积极正向发展，正确处理资本技术结构与人的发展之间的互动关系，始终坚持"以人民为中心"的根本立场，严格将资本权力约束在有序有限、可控可调的界限之内，有效抑制资本逻辑的扩张空间，从以人民为中心的逻辑规制资本增殖的逻辑，防止智能技术领域被资本腐蚀，抑制景观在数字化领域的肆意蔓延。二是要着眼于智能技术建设的正面影响，释放数据共享价值，不断推进智能技术对现代化发展的助益作用。在资本主义私有制下，数据是由个体用户的数字劳动生产出来的，但是被平台资本无偿占有，甚至将之变形为宰制数字劳工的技术权力。我国开展数字中国建设，必须要着眼于消解数据私有化，推进数据资源由私人占有转向社会共享，如此才能避免资本逻辑在智能技术领域的支配，从而最大程度释放智能技术的正面效应。

其次，规制资本与技术关系向善发展的可行性在于社会主义国家发挥整体性力量。资本技术权力结构下人类生存状况的深度异化和意义世界的全面隐退，在本质上是发轫于欧洲的现代资本主义生产方式及其文明形态所带来的固有弊病。只有作为一种整体性力量的国家，才能有效承担起规制资本技术权力结构无序扩张的职能。资本主义国家本质上是资产阶级维护自身统治的工具，服务于资本增殖，因此不具备约束资本技术权力的规制能力，所以有着强有力规制能力的主体只能是以中国共产党领导为最本质特征的中国特色社会主义。中国共产党始终代表最广大人民的根本利益，不存在任何特殊利益，其领导的国家政权不是为资本技术权力结构服务，而是坚持以人民为中心。习近平总书记强调："要为资本设置'红绿灯'。'红绿灯'适用于道路上行驶的所有交通工具，对待资本也一样，各类资本都不能横冲直撞。"① 从以人民为中心的根本立场出发，就必须规制资本逻辑的扩张，为资本逻辑的运行设置"红绿灯"，使资本和技术为最广大人民的根本利益服务。

最后，规制资本与技术关系向善发展的现实性在于坚持技术研发向善的基本导向，抑制超过技术限度所带来的负面后果。一般而言，所有智能技术的产生都植根于现实世界，同时又经由主体开展具有主观目的性的技术运用，从而反作用于现实世界，由此完成"现实世界—技术世界—现实世界"的逻辑闭环。习近平总书记指出："我们要增强紧迫感和使命感，推动关键核心技术自主创新不断实现突破，探索将人工智能运用在新闻采集、生产、分发、接收、反馈中，用主流价值导向驾驭'算法'，全面提高舆论引导能力。"② 在使用算法进行信息推荐和分

---

① 习近平：《正确认识和把握我国发展重大理论和实践问题》，《求是》2022年第10期。

② 习近平：《加快推动媒体融合发展 构建全媒体传播格局》，《求是》2019年第6期。

发的过程中，要坚持主流思想观念和核心价值观导向，遵循基本的伦理规则和法律规范，避免出现违背主流思想观念的推荐结果。为实现此效果，就要在技术研发层面探寻技术向善的价值复归，这样既可以在源头上消除技术效果偏离主流思想观念的状况，又可以令资本与技术关系在发展之处就锚定在合理位置。具体而言，一是坚持技术研发向善的价值取向，在创造之初便将坚持以人民为中心、维护人的尊严、保障人的利益等善的理念植入技术，在技术的进步空间中积极拓展人类劳动的新境界，推动实现人的自由全面发展。二是坚持公共善的核心发展目标，将技术研发及应用统筹在公共善的道德目标下完成。相关部门对智能技术的设计、研发和应用等全过程加强监管、落实知情同意，切实保障民众的合法权益和正当权利。面对观念思想空间中多元思潮的冲击，智能技术工作者应当始终秉持技术造福人类的价值立场，推崇以人类命运共同体为中心的价值理念，搭建智能技术研发和应用相关群体的伦理共识平台，并在此基础上疏通多元主体共同商议、决策的畅言机制，避免智能技术沦为少数精英的内部游戏。三是秉持负责任的可持续发展观，避免核武器、环境污染、人工智能武器化造成人类集体毁灭的恶果。社会各界应当对智能技术的发展持有科学且可持续性的正义观，将技术进步建立在人类活动与自然界普遍联系、和谐共生的基石上，树立近期利益和长期利益有机统一的价值观念，追求高质量发展和高品质生活的有机统一，不断推进智能技术的道德实践，打造智能技术和社会公德协同并进的良性生态。

第四节 从反向驯化到技术运用

智能技术虽然给思想观念带来了一系列问题，但它在算力、算法、大数据分析等方面的核心优势能够使思想观念的内容分发、呈现形式、反馈机制实现整体跃升，从而为主流思想观念提供了发展契机。在这种意义上，主流思想观念要摆脱失衡失序的困境，就要走向思想观念供给的再平衡，不仅要用主流思想观念驾驭智能技术，实现对智能技术的反向驯化，而且要强化主流思想观念对于智能技术的把关作用，发挥智能技术对于其自身所造成的观念风险的防控和弥合作用。

马克思、恩格斯在《共产党宣言》中指出："任何一个时代的统治思想始终都不过是统治阶级的思想。"[①] 现代智能技术的观念之争本质上是社会制度之争。面对西方资本主义势力在智能技术场域的意识形态攻势，要打破思维定式，采取攻防兼顾策略，牢牢掌握意识形态斗争的主动权。在智能技术发展过程中，我们虽然无法回避资本逻辑的负面后果，但是驾驭数字资本在智能技术领域的运行，规避和超越"资本扩张悖论"带来的观念风险，是维护主流思想观念安全的核心要义。社会思想观念空间中的技术操纵风险，是在多元主体的交互作用中生成的。因此，我们应从不同主体入手，通过主体协同、群己共律，形成应对智能时代观念风险的合力。

---

① 《马克思恩格斯文集》第 2 卷，人民出版社 2009 年版，第 51 页。

首先要强化主流思想观念对算法技术的驾驭引领。价值理性是"价值合乎理性的,即通过有意识地对一个特定的举止——伦理的、美学的、宗教的或作其他任何阐释的——无条件的固有价值的纯粹信仰,不管是否取得成就"[①]。由此可见,价值理性是人对自身生存价值以及存在意义的追求,它关注的是人本身的精神和意义世界。一旦价值理性彻底萎缩与衰落,人将丧失反思和否定的能力而成为遵循计算和实用规则的技术奴隶。正因如此,技术理性和价值理性应该保持必要的张力。当前,智能算法的应用使得各种非主流意识形态话语更加广泛和隐蔽地影响着大众的价值观念,如果离开了主流思想观念的价值引领,算法技术将必然导致社会价值导向的偏移。因此,必须在智能算法的研发和应用过程中发挥主流思想观念的引导和规制作用,不断增强社会主义意识形态的辐射力和影响力。具体措施包括:其一,除了采用各种外在的价值引导方式之外,我们还要建立系统完备的实践方案,即将主流思想观念以代码的形式融入智能算法之中,强化主流思想观念对智能算法开发和运行方向指引。其二,要提高智能算法对各种非主流思想观念的分辨,在主流思想观念的引导和规制下进行信息分发与推送,并根据实践中出现的新问题以及大众对主流思想观念传播的反馈,及时调整主流思想观念的传播内容和传播路径。其三,要提高算法研发人员的思想政治素养。算法开发人员作为算法的创造者,在很大程度上影响着算法技术的

[①] 〔德〕马克斯·韦伯:《经济与社会》(上卷),林荣远译,商务印书馆1997年版,第56页。

属性和表征。因此，必须注重对开发者的思想政治引领，让算法开发者在具体的开发过程中遵循正确的价值导向，进一步巩固社会主义意识形态的建设。

其次要矫正人工智能算法的技术漏洞。技术所引发的思想观念风险问题，无法完全脱离技术载体而独立解决，而是要回归技术并依靠技术的完善加以治理。当前，智能算法仍然是一项正在发展且尚未定型的技术，它在发展的过程中难免出现技术漏洞和应用水平参差不齐等问题。对此，我们必须及时介入算法技术的系统设计之中，借助技术手段及时矫正并降低算法技术存在的技术缺陷和风险，完善智能算法的技术表征和技术属性，确保算法技术安全有效地运行。比如，目前算法技术所存在的算法歧视问题，在一定程度上就是由训练数据集不完整或存在偏斜、机器学习建模技术不完善所造成的，机器学习团队可以通过训练数据样本的多样性、确保算法开发者具有多元化的背景等方法减轻算法歧视带来的负面影响；面对算法推荐可能导致的"透明人"问题，可以通过"编码、加密、假名和匿名、防火墙、匿名通信技术等"[①] 构建起用户隐私保护机制，减少信息窃取和泄露，而对于"信息茧房"问题，则可以在个性化信息推送的基础上增强多元化和多样性的信息分发原则；对于算法黑箱问题，可以通过提高算法透明度来加以应对，即公开呈现

---

① G. W. van Blarkom, J. J. Borking, J. G. E. Olk, *Handbook of Privacy and Privacy-Enhancing Technologies: The Case of Intelligent Software Agents*, The Netherland: College bescherming persoonsgegevens, 2015, p.33.

算法设计和算法机制运行过程中的每一个算法元素。同时，也要注重形成一种以用户为导向的算法交互方式，让用户了解算法给自己带来的影响和改变。总之，我们必须对算法技术进行合目的治理与改造，控制它对思想观念建设的干扰与阻碍，构建起社会主义意识形态主导下的现代化智能系统。

最后要推动算法技术成为主流思想观念建设的强大助力。当前，算法技术的发展不仅为主流思想观念的建设提供了智力支持，也形成了有助于主流思想观念传播的数字化方式与格局。智能算法能够精确分析用户的价值偏好和特征属性，并在基础上实现信息的定向分发与投放，这在一定程度上为主流思想观念内容的生产和传播提供了新的机遇。如果说智能算法变革了传统信息的单向度分发模式，迎合了传播受众的价值偏好的话，那么主流思想观念传播完全可以通过算法技术分析和把握民众的思想动态和偏好，在深度研判民众意识形态状况的基础上发挥核心价值观的引领作用。算法技术实现了传播权力的去中心化，并通过语音识别、语言理解、人脸识别、逻辑思维等方式打破了传统的思想观念传播渠道，为用户创造了立体化和多元化的传播体验，这种传播和呈现方式让主流思想观念更易于被大众接受。与此同时，算法技术在数据分析和处理方面具有不可比拟的优势，能够对结构化和非结构化的数据进行精确和综合分析，进而绘制整个思想观念状况的精确图景，实现对思想观念状况的精准反馈。

参考文献

A 类

《马克思恩格斯文集》第 1—10 卷，人民出版社 2009 年版。

《马克思恩格斯选集》第 3 卷，人民出版社 1995 年版。

《马克思恩格斯选集》第 4 卷，人民出版社 1995 年版。

《马克思恩格斯全集》第 1 卷，人民出版社 1956 年版。

《马克思恩格斯全集》第 3 卷，人民出版社 1960 年版。

《马克思恩格斯全集》第 19 卷，人民出版社 1963 年版。

《列宁选集》第 2 卷，人民出版社 1960 年版。

《列宁选集》第 3 卷，人民出版社 1972 年版。

《列宁全集》第 6 卷，人民出版社 2013 年版。

《列宁全集》第 47 卷，人民出版社 1990 年版。

《列宁专题文集　论辩证唯物主义和历史唯物主义》，人民出版社 2009 年版。

《毛泽东选集》第 1 卷，人民出版社 1991 年版。

《毛泽东选集》第 3 卷，人民出版社 1991 年版。

《建国以来毛泽东文稿》第 10 册，中央文献出版社 1992 年版。

《邓小平文选》第 1 卷，人民出版社 1994 年版。

《邓小平文选》第 3 卷，人民出版社 1993 年版。

习近平：《干在实处 走在前列：推进浙江新发展的思考与实践》，中共中央党校出版社 2006 年版。

习近平：《认真学习马克思主义经典著作 不断推进中国特色社会主义事业》，《人民日报》2011 年 5 月 14 日。

习近平：《人民对美好生活的向往就是我们的奋斗目标》，《人民日报》2012 年 11 月 16 日。

习近平：《紧紧围绕坚持和发展中国特色社会主义 学习宣传贯彻党的十八大精神》，《人民日报》2012 年 11 月 19 日。

习近平：《胸怀大局把握大势着眼大事 努力把宣传思想工作做得更好》，《人民日报》2013 年 8 月 21 日。

习近平：《推动全党学习和掌握历史唯物主义 更好认识规律更加能动地推进工作》，《人民日报》2013 年 12 月 5 日。

习近平：《在纪念毛泽东同志诞辰 120 周年座谈会上的讲话》，《人民日报》2013 年 12 月 27 日。

习近平：《习近平接受俄罗斯电视台专访》，《人民日报》2014 年 2 月 9 日。

习近平：《关于全面深化改革论述摘编》，中央文献出版社 2014 年版。

习近平：《摆脱贫困》，福建人民出版社 2014 年版。

《习近平总书记系列重要讲话读本》，学习出版社、人民出版社 2014 年版。

习近平：《坚持运用辩证唯物主义世界观方法论提高解决我国改革发展基本问题本领》，《人民日报》2015 年 1 月 25 日。

习近平：《在文艺工作座谈会上的讲话》，《人民日报》2015 年 10 月 15 日。

习近平：《在伦敦金融城的演讲》，《人民日报》2015 年 10 月 23 日。

习近平：《在哲学社会科学工作座谈会上的讲话》，《人民日报》2016 年 5 月 19 日。

习近平：《在庆祝中国共产党成立 95 周年大会上的讲话》，《人民日报》2016 年 7 月 2 日。

习近平：《在全国党校工作会议上的讲话》，人民出版社 2016 年版。

《习近平总书记系列重要讲话读本》，学习出版社、人民出版社 2016 年版。

习近平：《深刻认识马克思主义时代意义和现实意义　继续推进马克思主义中国化时代化大众化》，《人民日报》2017 年 9 月 30 日。

习近平：《决胜全面建成小康社会　夺取新时代中国特色社会主义伟大胜利——在中国共产党第十九次全国代表大会上的报告》，人民出版社 2017 年版。

习近平：《以时不我待只争朝夕的精神投入工作　开创新时代中国

特色社会主义事业新局面》,《人民日报》2018年1月6日。

习近平:《在北京大学师生座谈会上的讲话》,《人民日报》2018年5月3日。

习近平:《在纪念马克思诞辰200周年大会上的讲话》,《人民日报》2018年5月5日。

习近平:《在中央外事工作会议上的讲话》,《人民日报》2018年6月24日。

习近平:《关于坚持和发展中国特色社会主义的几个问题》,《求是》2019年第7期。

习近平:《学习马克思主义基本理论是共产党人的必修课》,《求是》2019年第22期。

习近平:《坚持历史唯物主义 不断开辟当代中国马克思主义发展新境界》,《求是》2020年第2期。

习近平:《不断开拓当代中国马克思主义政治经济学新境界》,《求是》2020年第16期。

习近平:《思政课是落实立德树人根本任务的关键课程》,《求是》2020年第17期。

习近平:《在庆祝中国共产党成立100周年大会上的讲话》,《人民日报》2021年7月2日。

《习近平向世界马克思主义政党理论研讨会致贺信》,《人民日报》2021年5月28日。

习近平：《高举中国特色社会主义伟大旗帜　为全面建设社会主义现代化国家而团结奋斗——在中国共产党第二十次全国代表大会上的报告》，人民出版社 2022 年版。

《习近平谈治国理政》第 2 卷，外文出版社 2020 年版。

《习近平谈治国理政》第 3 卷，外文出版社 2020 年版。

《习近平谈治国理政》第 4 卷，外文出版社 2022 年版。

B 类

［美］赫伯特：《马尔库塞文集》第 1 卷，人民出版社 2019 年版。

［法］路易·阿尔都塞：《保卫马克思》，顾良译，商务印书馆 2006 年版。

［法］路易·阿尔都塞：《哲学与政治：阿尔都塞读本》，陈越译，吉林人民出版社 2004 年版。

［美］埃瑟·戴森：《2.0 版数字化时代的生活设计》，胡泳、范海燕译，海南出版社 1998 年版。

［英］安德鲁·查德威克：《互联网政治学：国家、公民与新传播技术》，任孟山译，华夏出版社 2010 年版。

［英］安东尼·吉登斯：《现代性的后果》，田禾译，黄平校，译林出版社 2011 年版。

［法］贝尔纳·斯蒂格勒：《技术与时间：爱比米修斯的过失》，裴程译，译林出版社 1999 年版。

〔英〕戴维·伊斯顿：《政治生活的系统分析》，王浦劬等译，华夏出版社 1999 年版。

〔美〕丹·席勒：《数字化衰退：信息技术与经济危机》，吴畅畅译，中国传媒大学出版社 2017 年版。

〔美〕丹·席勒：《数字资本主义》，杨立平译，江西人民出版社 2001 年版。

〔法〕德里达：《马克思的幽灵》，何一译，中国人民大学出版社 1999 年版。

〔美〕艾里希·弗洛姆：《健全的社会》，蒋重跃等译，国际文化出版公司 2003 年版。

〔瑞典〕福克斯、〔加〕莫斯可：《马克思归来》，传播驿站工作坊译，华东师范大学出版社 2016 年版。

〔德〕韩炳哲：《精神政治学》，关玉红译，中信出版社 2019 年版。

〔德〕韩炳哲：《透明社会》，吴琼译，北京中信出版社 2019 年版。

〔德〕韩炳哲：《妥协社会：今日之痛》，吴琼译，北京中信出版社 2023 年版。

〔美〕赫伯特·马尔库塞：《单向度的人》，刘继译，上海译文出版社 1989 年版。

〔德〕黑格尔：《法哲学原理》，范扬、张企泰译，商务印书馆 1961 年版。

〔美〕基辛格：《大外交》，顾淑馨、林添贵译，人民出版社 2010

年版。

［法］居伊·德波:《景观社会》,张新木译,南京大学出版社 2022年版。

［英］安东尼·吉登斯:《现代性的后果》,田禾译,译林出版社 2000年版。

［法］奥古尔特·科尔纽:《马克思恩格斯传》第 1 卷,刘磊等译,三联书店 1963年版。

［匈牙利］伊姆雷·拉卡托斯等:《批判与知识的增长》,周寄中译,华夏出版社 1987年版。

［英］史蒂文·卢克斯:《个人主义》,闫克文译,江苏人民出版社 2001年版。

［法］卢梭:《论政治经济学》,王运成译,商务印书馆 1962年版。

［英］洛克:《政府论》下篇,叶启芳、瞿菊农译,商务印书馆 1982年版。

［美］阿拉斯代尔·麦金太尔:《德性之后》,龚群等译,中国社会科学出版社 1995年版。

［斯洛文尼亚］斯拉沃热·齐泽克等:《图绘意识形态》,方杰译,南京大学出版社 2002年版。

［意］卡洛·M.奇波拉:《欧洲经济史第一卷:中世纪时期》,徐璇译,商务印书馆 1988年版。

［法］让-保罗·萨特:《辩证理性批判》(上),林骧华、徐和瑾、

陈伟丰译，安徽文艺出版社 1998 年版。

〔美〕乔万尼·萨托利：《民主新论》，冯克利、阎克文译，上海人民出版社 2009 年版。

〔美〕塞林斯：《原初丰裕社会》，载许宝强、汪晖编：《发展的幻象》，丘延亮译，中央编译出版社 2000 年版。

〔德〕马克斯·舍勒：《价值的颠覆》，罗悌伦、林克、曹卫东译，三联书店 1997 年版。

〔德〕叔本华：《作为意志和表象的世界》，石冲白译，商务印书馆 1986 年版。

〔古希腊〕亚里士多德：《尼各马科伦理学》，苗力田译，中国人民大学出版社 2003 年版。

中共中央马克思恩格斯列宁斯大林著作编译局资料室：《机会主义、修正主义资料选编：伯恩施坦言论》，生活·读书·新知三联书店 1966 年版。

C 类

陈锡喜：《强化理论思维能力培养是提高马克思主义理论教育实效性的重要环节》，《思想理论教育》2009 年第 5 期。

陈相光：《心理建设视角下共产党人思想建设的具身范式》，《桂海论丛》2019 年第 2 期。

陈跃：《新时代以人民为中心发展思想的生发逻辑与价值分析》，

《重庆社会科学》2021 年第 2 期。

蔡骐：《网络虚拟社区中的趣缘意识形态传播》，《新闻与传播研究》2014 年第 9 期。

蔡曙山、薛小迪：《人工智能与人类智能——从认知科学五个层级的理论看人机大战》，《北京大学学报（哲学社会科学版）》2016 年第 4 期。

段伟文：《人工智能时代的价值审度与伦理调适》，《中国人民大学学报》2017 年第 6 期。

顾玉平：《马克思主义群众史观的新时代坐标——习近平新时代中国特色社会主义思想的人民立场》，《南京政治学院学报》2018 年第 2 期。

方兴东、严峰、钟祥铭：《大众传播的终结与数字传播的崛起——从大教堂到大集市的传播范式转变历程考察》，《现代传播（中国传媒大学学报）》2020 年第 7 期。

韩喜平：《中国共产党百年来对人民立场的坚守》，《社会科学研究》2021 年第 1 期。

韩迎春、曹一鸣：《论"以人民为中心"对"为人民服务"的新发展》，《社会主义研究》2019 年第 5 期。

李其维：《"认知革命"与"第二代认知科学"刍议》，《心理学报》2008 年第 12 期。

何怀远：《意识形态的内在结构浅论》，《江苏行政学院学报》2001 年第 2 期。

侯才：《马克思视域中的自由：自主活动》，《马克思主义哲学论丛》

2010 年第 1 期。

江畅、朱韬:《习近平以人民为中心思想对传统尚民爱民观念的弘扬与超越》,《江苏行政学院学报》2021 年第 3 期。

梁树发:《马克思主义整体性与马克思主义定义问题》,《党政干部学刊》2005 年第 3 期。

荣婷、李晶菡:《人工智能时代社会舆情治理的转变与优化路径研究》,《中国行政管理》2020 年第 12 期。

汝绪华:《算法政治:风险、发生逻辑与治理》,《厦门大学学报(哲学社会科学版)》2018 年第 6 期。

罗建文、陈兴康:《论人民日益增长的美好生活需要的价值目标》,《南京政治学院学报》2017 年第 6 期。

齐卫平:《读懂以人民为中心发展思想新的时代内涵》,《人民论坛》2020 年第 24 期。

曲青山:《人民群众:共产党的根基、血脉和力量源泉》,《马克思主义与现实》2019 年第 2 期。

王娟:《从仪式传播到主流意识形态培养——央视春晚对国家认同的建构》,《当代传播》2021 年第 2 期。

魏屹东:《混合认知:一种优化的人工智能适应性表征策略》,《上海师范大学学报(哲学社会科学版)》2023 年第 1 期。

张林:《算法推荐时代凝聚价值共识的现实难题与策略选择》,《思想理论教育》2021 年第 1 期。

D 类

BENGIO Y., DELALLEAU O., On the expressive power of deep architectures/Proc of the 14th International Conference on Discovery Science. Berlin: Springer-Verlag, 2011.

Don Ihde, Bodies in Technology, London: University of Minnesota Press, 2002.

Emmanul G. Mesthene, Technology Change: Its Impact on Man and Society, New York: New American Library, 1970.

G. W. van Blarkom, J. J. Borking, J. G. E. Olk, Handbook of Privacy and Privacy-Enhancing Technologies: The Case of Intelligent Software Agents, The Netherland: College bescherming persoonsgegevens, 2015.

Ignas, K., Algorithmic Governance: Politics and Law in the Post-Human Era, Cham: Springer Nature Switzerland AG, 2019.

Polyani, Karl, The Great Transformation: The Political and Economic Origins of Our Time, Boston: Beacon Press, 2010.

Slavoj ižek, Disparity, London, NewYork: Bloomsbury Publishing, 2016.

STIEGLER B., The neganthropocene, trans: ROSS D. London: Open Humanities Press, 2018.

后 记

    本书是上海市社科规划"研究阐释党的二十大精神"专项课题"意识形态领域智能技术风险及应对研究"的最终成果。作为一名马克思主义理论研究者，我的研究侧重点是马克思主义意识形态理论。当智能技术作为一种强大力量介入到当代社会意识形态建构过程中时，我自然就开始关注智能技术与思想观念的关系。这是我最初选取这个论题进行研究的动因，之后这个选题获得了立项资助，更进一步增加了我的研究信心。随着思考和研究的深入，我愈发觉得智能技术与思想观念的关系是一个跨学科、跨领域、牵涉面极广的问题，研究该问题不仅需要研究者具备相当的理论知识储备与研究基础，而且需要研究者具有对智能技术的敏锐把握和本质理解。因此我吸收了一些青年学者参与到课题研究中。具体来说，本书各部分的撰写人员如下：

    鲍金——导论、参考文献；

    黄婧——第一章第二节和第三节、第二章、第五章、第六章第四节；

    高鑫雅——第四章第一节和第二节、第六章第一节至第三节；

张颖——第三章；

王志成——第四章第三节；

方雨晨——第一章第一节。

本书得以顺利完稿和出版，首先要感谢上海人民出版社的辛勤付出。再者，还要感谢参与到课题中的青年学者，正是他们的学术才智和集体努力，才使得本书在规定时间内得以完成。最后，要感谢我的家人，正是她们的任劳任怨，才能使我专心于工作，感谢他们对我的理解和支持。由于本人学识有限，书中难免出现不妥之处，还请各位专家学者批评指正！

鲍金

2023 年 8 月 31 日

图书在版编目(CIP)数据

智能时代观念风险及应对/鲍金等著.—上海：
上海人民出版社,2023
ISBN 978 - 7 - 208 - 18592 - 0

Ⅰ.①智… Ⅱ.①鲍… Ⅲ.①信息产业-研究 Ⅳ.
①F49

中国国家版本馆 CIP 数据核字(2023)第 203163 号

责任编辑 王　吟
封面设计 汪　昊

智能时代观念风险及应对
鲍　金 等著

出　　版 上海人民出版社
　　　　　(201101　上海市闵行区号景路 159 弄 C 座)
发　　行 上海人民出版社发行中心
印　　刷 上海新华印刷有限公司
开　　本 787×1092　1/16
印　　张 12
插　　页 2
字　　数 120,000
版　　次 2023 年 11 月第 1 版
印　　次 2023 年 11 月第 1 次印刷
ISBN 978 - 7 - 208 - 18592 - 0/D·4215
定　　价 55.00 元